NOUVEAU MANUEL
DE LÉGISLATION
USUELLE

En matière Commerciale, Administrative. Pénale, Rurale, Judiciaire, etc.

SUIVI

Des lois nouvelles sur les sociétés en commandite, l'arbitrage, le drainage, les marques de fabrique et de commerce (1857-1858), la pêche, la chasse, avec le tarif des protêts et des frais dus aux notaires, avoués, agréés, huissiers, témoins, experts, arbitres, et divers frais de procédure devant les tribunaux de Paris et des départements, etc., etc., des sociétés de secours mutuels, du crédit foncier, des contrats d'apprentissage, des droits politiques, des patentes, des impôts, des assurances, des faillites, banqueroutes et concordats, lettres de change, billets à ordre, brevets d'invention, de la contrainte par corps, des droits, devoirs et intérêts du commerçant, de la tenue des livres, des pouvoirs des préfets et des attributions des magistrats, des fonctionnaires, formules et pétitions, nouveaux décrets impériaux, enfin une série de bons conseils ou avis propres à diriger le lecteur attentif et prudent dans une foule de circonstances souvent difficiles.

PAR E. DE BARRINS

PARIS 1859

Eug. PICK, éditeur, rue du Pont-de-Lodi, 5

AVIS TRÈS-IMPORTANT.

Nous appelons l'attention du lecteur sur le nouveau catalogue des ouvrages historiques, agricoles, de législation usuelle, de médecine pratique, de géographie, d'éducation et d'économie domestique, ainsi que sur le nouveau journal le **TRÉSOR DE LA MAISON**, recueil varié, complet et illustré, de toutes les connaissances utiles, et dont l'abonnement est de **8 FR. PAR AN**. — Cette somme est remboursée par une prime exceptionnelle de 8 fr. de livres, donnée immédiatement **POUR RIEN** et expédiée *franco*, à toutes les personnes qui s'abonneront à ce journal. — Voir, pour plus amples renseignements, à la fin de ce *Manuel de législation usuelle* (de la page 118 à la page 133).

IMPRIMERIE DU CORPS LÉGISLATIF,
A. HENRY NOBLET, RUE DU BAC, 30.

AVIS DE L'ÉDITEUR

SUR LE BUT ET L'UTILITÉ

DE CE

NOUVEAU MANUEL DE LÉGISLATION USUELLE

EN MATIÈRE COMMERCIALE, ADMINISTRATIVE, PÉNALE, RURALE, ETC.

Tous ceux qui, avant nous, avaient tenté de populariser les ouvrages de législation pratique, ont pu se convaincre que sur cent personnes qui faisaient l'acquisition d'un livre de lois, quatre-vingt-dix, au moins, ignorant les plus simples notions du droit, croyaient ingénûment que le CODE NAPOLÉON devait tenir lieu de tous les Codes.

Qu'on le sache donc bien, le CODE NAPOLÉON, proprement dit, qui est, de fait, le principal de nos Codes, est entièrement distinct du Code de procédure civile, du Code de commerce, du Code pénal, du Code rural, du Code d'instruction criminelle, et du Code forestier, de la pêche et de la chasse.

Il appartenait à la *Grande Librairie Napoléonienne, Historique, des Arts et de l'Industrie*, à cet Établissement si éminemment national, dont les nombreuses et importantes publications sont, depuis 1849, répandues en France et dans le monde entier à près d'un million d'exemplaires ; il appartenait, disons-nous, au fondateur de cette importante Librairie, aujourd'hui une des plus populaires de France, d'éclairer de plus en plus sur leurs droits, leurs devoirs et leurs intérêts, les populations laborieuses des villes et des campagnes, par la propagation du *Nouveau Manuel du* **CODE NAPOLÉON**, seul ouvrage de ce genre en France, qui contienne l'explication du droit civil français tout entier, et qui réunisse à lui seul tout ce qu'il importe à chacun de connaître, sous peine de s'exposer à de fréquentes déceptions dans une foule de circonstances.

Toutes les personnes qui n'ont pas fait une étude spéciale de notre législation, et qui tiennent à l'économie du temps et à ne pas faire l'acquisition de volumineux ouvrages de lois, d'une rédaction trop scientifique et trop compliquée, et par suite trop chers, seront bien aises de recevoir, avec le **CODE NAPOLÉON**, par M. Picot, avocat à la Cour impériale de Paris, un ***Manuel de législation usuelle***, exposant clairement le résumé des autres Codes français, tels que le ***droit administratif*** et ***judiciaire***, le ***droit commercial***, le ***droit pénal***, le ***droit rural***, etc.

Paris, 1859.

Eug. PICK,

Éditeur du *Nouveau Manuel pratique du Code Napoléon*, par M. Picot; du *Code de commerce expliqué*; du *Grand Atlas départemental de l'Empire français*, etc

DROIT

ADMINISTRATIF, EXÉCUTIF ET JUDICIAIRE.

POUVOIR EXÉCUTIF.

Si le pouvoir législatif doit être divisé pour que les lois soient mieux élaborées, le pouvoir exécutif, au contraire, doit être concentré dans les mêmes mains, afin que rien n'entrave son action qui doit toujours être énergique et prompte.

Il faut de plus que ce pouvoir soit investi d'une autorité et d'une dignité qui le fassent respecter au-dedans et considérer au-dehors.

Aux termes des lois et de la Constitution, à l'Empereur seul appartient la puissance exécutive. Sa personne est inviolable et sacrée. L'Empereur est le chef suprême de l'Etat; il commande les forces de terre et de mer, déclare la guerre, fait les reglements et décrets nécessaires pour l'exécution des lois, a le droit de faire grâce et d'accorder des amnisties.

MINISTRES.

Pour faciliter à l'Empereur l'exercice de ces importantes fonctions que lui confèrent les lois et la Constitution, et garantir en même temps son inviolabilité impériale, des intermédiaires sont placés près de lui et déclarés responsables, chacun en ce qui les concerne, des actes du gouvernement; ce sont les ministres. Les erreurs, les abus, les méfaits qui viendraient à se commettre sont à leur charge et ne peuvent être imputés qu'à eux seuls. Il n'y a point de solidarité entre eux; et ils ne peuvent être mis en accusation que par le sénat (Art. 13 de la Constitution).

Afin d'obtenir une bonne gestion des diverses affaires de l'Etat et de mieux assurer la responsabilité des ministres, les attributions dont ils ont à s'occuper, se partagent en plusieurs branches d'administration.

On distingue par suite :

1° Le ministre d'Etat et la maison de l'Empereur, créé par décret du 22 janvier 1852. — *Attributions:* Rapports du gouvernement avec le sénat, le corps législatif et le conseil d'Etat ; — correspondance de l'Empereur avec les divers ministères; — contre-seing des décrets portant nomination des ministres ; — nomination des présidents du sénat et du corps législatif; — nomination des sénateurs; — nomination des membres du conseil d'Etat ; — contre-seing des décrets rendus par l'Empereur, en exécution des pouvoirs qui lui appartiennent, conformément aux art. 24, 28, 31, 46, 54 de la Constitution et du Sénatus-Consulte du 23 décembre 1852; — contre-seing des décrets concernant les matières qui ne sont spécialement attribuées à aucun département; — rédaction et conservation des procès-verbaux du conseil des ministres ; — direction exclusive de la partie officielle du *Moniteur ;* — administration des palais impériaux et des manufactures impériales; — service des beaux-arts et des archives.

2° Ministre de la justice ; — 3° des affaires étrangères ; — 4° de la guerre ; — 5° de la marine et des colonies ; — 6° de l'intérieur ; le ministère de la police générale créé le 25 janvier 1852, a été supprimé par décret impérial du 21 juin 1853. — Les attributions ci-après rentrent dans celles du ministère de l'intérieur avec une direction spéciale : Exécution des lois relatives à la police générale, à la sûreté et à la tranquillité intérieure de l'empire ; — service de la garde nationale, de la garde impériale, de la gendarmerie, pour tout ce qui est relatif au maintien de l'ordre public ; — surveillance des journaux, des pièces de théâtre et des publications de toute nature ; — police des prisons, maisons d'arrêt, de justice et de réclusion ; — personnel des préfets de police de Paris et des départements, et des agents de toute sorte de la police générale ; — police commerciale, sanitaire et industrielle ; — répression de la mendicité et du vagabondage.

7° Ministre des travaux publics, de l'agriculture et du commerce (décret du 21 juin 1852) ; — 8° de l'instruction publique et des cultes ; — 9° des finances.

Sous chacun de ces ministres, des fonctionnaires placés aux divers degrés de la hiérarchie sont chargés du maniement des affaires publiques.

POUVOIR ADMINISTRATIF.

La branche d'autorité publique qui concourt plus spécialement à l'application des lois et à la gestion des affaires dans les départements et dans les communes, prend le nom d'administration ou de pouvoir administratif.

L'ADMINISTRATION S'EXERCE :

1° par les ministres investis du pouvoir central sous les ordres de l'Empereur, et agissant conformément aux lois ; — 2° par les préfets dans les départements ; — 3° par les sous-préfets dans les arrondissements ; — 4° par les maires et par les commissaires cantonaux de police dans les communes.

Les uns et les autres sont responsables de leurs actes vis-à-vis de l'autorité supérieure, selon l'ordre hiérarchique établi. Le conseil d'Etat près du gouvernement, le conseil de préfecture établi près de chaque préfet participent aussi à l'exercice de l'autorité administrative, soit par la part qu'ils prennent à l'expédition des affaires, soit par le jugement qu'ils apportent dans les affaires contentieuses.

DES ATTRIBUTIONS PARTICULIÈRES DES PRÉFETS.

Les affaires qui rentrent dans la compétence des préfets, et pour lesquelles on a le plus souvent besoin de recourir à leur autorité, sont les suivantes:

1° Autorisation d'ouvrir des marchés, sauf pour les bestiaux ;

2° Réglementation complète de la boucherie, boulangerie et vente de comestibles sur les foires et marchés ;

3° Primes pour la destruction des animaux nuisibles ;

4° Formation et autorisation des sociétés de secours mutuels qui ne rempliraient pas les formalités voulues pour être déclarées d'utilité publique ;

5° Cessions de terrains domaniaux compris dans le tracé des routes impériales, départementales, et les chemins vicinaux ;

6° Echanges de terrains provenant de déclassement de routes par suite de changement de tracé ;

7° Autorisation concernant les établissements et constructions mentionnés dans les art. 151, 152, 153, 154 et 155 du Code forestier;

8° Travaux à exécuter dans les forêts communales ou d'établissements publics, pour la recherche ou la conduite des eaux, la construction des récipients et autres ouvrages analogues, lorsque ces travaux ont un but d'utilité communale ;

9° Autorisation, sur les cours d'eau navigables ou flottables, des prises d'eau faites au moyen de machines, et qui, eu égard au volume du cours d'eau, n'auraient pas pour effet d'en altérer sensiblement le régime.

10° Autorisation des établissements temporaires sur lesdits cours d'eau, alors même qu'ils auraient pour effet de modifier le régime ou le niveau des eaux : fixation de la durée de la permission ;

11° Autorisation, sur les cours d'eau non navigables ni

flottables, de tout établissement nouveau, tel que moulin, usine, barrage, prise d'eau d'irrigation, patouillet, bocard, lavoir à mines;

12° Régularisation de l'existence desdits établissements lorsqu'ils ne sont pas encore pourvus d'autorisation régulière, ou modifications des règlements déjà existants;

13° Dispositions pour assurer le curage et le bon entretien des cours d'eaux non navigables ni flottables de la manière prescrite par les anciens règlements ou d'après les usages locaux. Réunion, s'il y a lieu, des propriétaires intéressés en autorisations syndicales;

14° Constitution en associations syndicales des propriétaires intéressés à l'exécution et à l'entretien des travaux d'endiguement contre la mer, les fleuves, rivières et torrents navigables ou non navigables, de canaux d'arrosage ou de canaux de dessèchement, lorsque ces propriétaires sont d'accord pour l'exécution desdits travaux et la répartition des dépenses;

15° Autorisation et établissement des débarcadères sur les bords des fleuves et rivières pour le service de la navigation; fixation des tarifs et des conditions d'exploitation de ces débarcadères;

16° Autorisation et établissement des bateaux particuliers;

17° Autorisation de la main-levée des hypothèques prises sur les biens des adjudicataires ou de leurs cautions, et du remboursement des cautionnements après la réception définitive des travaux; autorisation de la remise à l'administration des domaines des terrains devenus inutiles au service;

18° Tarif des concessions de terrains dans les cimetières;

Les Préfets sont, en outre, chargés de la haute surveillance des hospices, maisons de secours, maisons de santé et autres établissements de bienfaisance, ainsi que des enfants trouvés, de la distribution de secours aux ouvriers réformés, blessés, et autres nécessiteux; enfin, ils donnent leurs avis et transmettent toutes demandes quelconques rentrant dans les attributions des ministres ou de toute autre autorité supérieure. Sauf la solution des contestations en matière civile et commerciale, qui appartient au domaine exclusif des tribunaux, et les questions de dogme et de discipline en matière religieuse, on peut dire que les préfets sont compétents pour tout ce qui arrive ou peut se présenter dans le cours des affaires publiques et administratives ; leur autorité est la plus étendue et la plus élevée dans les départements.

Toutes les fois que les particuliers ont besoin de recourir à l'autorité du préfet, ils doivent lui adresser leur demande par écrit sous forme de pétition, en double original, dont un sur papier au timbre de dimension, sauf dans les cas de demande en décharge ou remise d'impôts relatifs à une cote ne dépassant pas 30 fr., et dans celui où il s'agirait de secours ou autres affaires concernant les indigents.

FORMULE DE PETITION POUR DEMANDER UN ALIGNEMENT.

A Monsieur le Préfet du département de l'Isère.

MONSIEUR LE PRÉFET,

Le sieur E. Duhamel, propriétaire, demeurant à Vienne, désirant faire construire une maison dans sa propriété attenante à la route départementale n°..., vous supplie de vouloir bien lui donner l'alignement, afin qu'il puisse se conformer aux règlements établis pour les constructions de cette nature.

Confiant dans votre bienveillance et votre haute équité, l'exposant est avec les sentiments d'un profond respect,

MONSIEUR LE PRÉFET,

Votre très-humble et très-obéissant serviteur.

E. DUHAMEL.

NOTA. La date se place au bas et à gauche. On n'écrit que sur la moitié, à droite de la page, et on laisse de grands blancs, soit en tête, soit au bas du papier, ainsi qu'entre les titres du commencement et de la fin. Les mots : *Monsieur le Préfet*, doivent être écrits en toutes lettres et en plus gros caractères que le corps de la pétition. Le papier doit être beau, en double feuillet, sauf cependant celui soumis au timbre, et du format Tellière, dit *ministre*.

Les pétitions à l'adresse des ministres se font dans la même forme, avec cette différence seulement qu'on parle à la troisième personne, et que l'on emploie le titre d'Excellence. Ces pétitions peuvent se terminer ainsi :

Confiant dans votre bienveillance et votre haute équité, l'exposant (*ou le suppliant si l'on demandoit plus particulièrement une faveur ou une grâce*), est avec les sentiments du plus profond respect,

MONSIEUR LE MINISTRE,

De votre Excellence

Le très-humble et très-obéissant serviteur.

Enfin, les suppliques à l'Empereur se font encore dans la même forme, en substituant le titre de SIRE à celui de *Monsieur le Ministre*, et la qualification de *Majesté* à celle *d'Excellence*. A la fin, au lieu de mettre : le très humble et très-obéissant serviteur, on dit : le *très-humble et très-fidèle sujet*.

Toutes ces pièces se plient en quatre, sous enveloppe, et doivent être affranchies quand elles sont à l'adresse des préfets. Celles à l'adresse des Ministres ou de l'Empereur n'ont pas besoin d'être affranchies.

CONSEILS MUNICIPAUX. — DES ATTRIBUTIONS DES MAIRES COMME ADMINISTRATEURS.

D'après la nouvelle loi promulguée le 5 mai 1855 sur l'organisation municipale, le corps municipal de chaque commune se compose du maire, d'un ou plusieurs adjoints et des conseillers municipaux. Les fonctions des maires, des adjoints et des autres membres du corps municipal sont gratuites.

Le maire et les adjoints sont nommés par l'Empereur, dans les chefs-lieux de département, d'arrondissement et de canton, et dans les communes de 3,000 habitants et au-dessus.

Dans les autres communes, ils sont nommés par le préfet au nom de l'Empereur.

Le maire et les adjoints sont nommés pour cinq ans. Le maire reste chargé, sous la surveillance du préfet et sans préjudice des attributions, tant générales que spéciales, qui lui sont conférées par les lois :

1° De tout ce qui concerne l'établissement, l'entretien, la conservation des édifices communaux, cimetières, promenades, places, rues et voies publiques ne dépendant pas de la grande voierie; l'établissement et la réparation des fontaines, aqueducs, pompes et égouts;

2° De la police municipale en tout ce qui a rapport à la sûreté et à la liberté du passage sur la voie publique, à l'éclairage, au balayage, aux arrosements, à la salubrité des constructions privées;

Aux mesures propres à prévenir et à arrêter les accidents et fléaux calamiteux, tels que les incendies, les épidémies, les épizooties, les débordements;

Aux secours à donner aux noyés;

A l'inspection de la salubrité des denrées, boissons, comestibles et autres marchandises mises en vente publique; et de la fidélité de leur débit;

3° De la fixation des mercuriales;

4° Des adjudications, marchés et baux;

Les conseils municipaux (1) sont appelés, chaque année,

(1) D'après l'art. 6 de la Loi du 5 mai 1855, chaque commune a un conseil municipal composé de 10 membres dans les communes de 500 habitants et au-dessous;

De 12,	dans celles de	501 à	1,500;
De 16,	— —	1,501 à	2,500;
De 21,	— —	2,501 à	3,500;
De 23,	— —	3,501 à	10,000;

à voter, sur la proposition du préfet, les allocations qui doivent être affectées à chacun des services dont les maires cessent d'être chargés, ces dépenses sont obligatoires.

En qualité d'agent de l'administration supérieure, et sous l'autorité du préfet, le maire est chargé de publier les lois et les règlements, de veiller à leur exécution, et de prendre toutes les mesures pour la sauvegarde tant de la sûreté générale que de celle des particuliers.

Le maire prend aussi des arrêtés à l'effet : d'ordonner les mesures locales sur les objets confiés par la loi à sa vigilance et à son autorité ; de publier les lois et règlements de police, en invitant les citoyens à les observer.

Est confiée à la vigilance des maires, la surveillance des écoles communales, des abattoirs et des abreuvoirs.

Le maire nomme à tous les emplois communaux pour lesquels la loi ne prescrit pas un mode spécial de nomination; il suspend et révoque les titulaires de ces emplois.

Dans le cas où le maire refuserait ou négligerait de faire un des actes qui lui sont prescrits, le préfet, après l'en avoir requis, peut y procéder d'office par lui-même ou par un délégué spécial.

Il fait les règlements nécessaires pour reprimer les délits contre la tranquillité publique, tels que rixes, disputes et tapages nocturnes

En cas d'absence ou d'empêchement, le maire est remplacé dans ses fonctions par un adjoint, et à défaut d'adjoint, par un membre du conseil municipal.

A Paris, cependant, les fonctions de maire sont moins étendues, et se bornent même à celles d'officier de l'état civil . tout ce qui concerne le bon ordre, la tranquillité et la salubrité de cette capitale est confié à la vigilance du

De 27,	—	—	10,001 à 30,000;
De 30,	—	—	30,001 à 40 000;
De 32,	—	—	40,001 à 50,000;
De 34,	—	—	50,001 à 60,000;
De 36,	—	—	60,001 et au-dessus.

préfet de police; et tout ce qui se rattache à l'administration des biens et revenus de la ville rentre dans les attributions du préfet de la Seine.

§ Ier. — *Des juges de paix.*

Au seuil du sanctuaire de la Justice, et comme pour arrêter le plaideur téméraire qui n'aurait pas assez médité les conséquences de son action, la loi a placé les juges de paix, dont la principale mission consiste, ainsi que leur nom l'indique, à faire entendre de sages conseils et de paternelles observations, à éviter les différends prêts à éclater entre voisins, à concilier ceux qui pourraient déjà s'être manifestés. C'est là assurément une belle mission pour qui sait la bien remplir!

Il est des cas où le juge de paix ne se borne pas à concilier, et dans lesquels il prononce aussi des sentences, et ces sentences sont tantôt en dernier ressort, tantôt, au contraire, sujettes à l'appel.

Suivant la règle générale posée par la loi du 25 mai 1838, les juges de paix connaissent de toutes actions purement personnelles ou mobilières, en dernier ressort, jusqu'à la valeur de 100 fr. et, à charge d'appel, jusqu'à la valeur de 200 fr.

Ils prononcent, sans appel, jusqu'à la valeur de 100 fr., et à charge d'appel, jusqu'au taux de la compétence en dernier ressort des tribunaux de première instance, telle que nous l'expliquerons au nombre 133 :

1° Sur les contestations entre les hôteliers, aubergistes ou logeurs, et les voyageurs ou locataires en garni, pour dépense d'hôtellerie et perte ou avarie d'effets déposés dans l'auberge ou dans l'hôtel;

2° Entre les voyageurs et les voituriers ou bateliers, pour retards, frais de route et perte ou avarie d'effets accompagnant les voyageurs ;

3° Entre les voyageurs et les carrossiers ou autres ouvriers, pour fournitures, salaires et réparations faites aux voitures de voyage.

Les juges de paix connaissent, sans appel, jusqu'à la valeur de 100 fr., et, à charge d'appel, à quelque valeur que la demande puisse s'élever : des actions en paiement de loyers ou fermages, des congés, des demandes en résiliation de baux, fondés sur le seul défaut de paiement des loyers ou fermages, des expulsions de lieux et des demandes en validité de saisie-gagerie ; le tout lorsque les locations verbales ou par écrit n'excèdent pas annuellement, dans les circonscriptions des justices de paix de Paris, Lyon, Marseille, Bordeaux, Rouen, Nantes, Lille, Saint-Etienne, Reims, Nîmes et Saint-Quentin, 400 francs (1) et 200 fr. partout ailleurs.

Les juges de paix connaissent, sans appel, jusqu'à la valeur de 100 francs, et, à charge d'appel, jusqu'au taux de la compétence en dernier ressort des tribunaux de première instance :

1° Des indemnités réclamées par le locataire ou fermier pour non-jouissance provenant du fait du propriétaire, lorsque le droit à une indemnité n'est pas contesté ;

2° Des dégradations et des pertes, dans les cas prévus par les art. 1732 et 1735 du Code Napoléon. Néanmoins le juge de paix ne connaît des pertes causées par incendie ou inondation que jusqu'à la valeur de 200 francs.

Les juges de paix connaissent également, sans appel, jusqu'à la valeur de 100 francs, et, à charge d'appel, à quelque valeur que la somme puisse s'élever :

(1) Ce paragraphe de l'article 3 de la loi sur les justices de paix est ainsi modifié par la loi du 5 mai 1855 : « Les juges de paix connaissent, sans appel, jusqu'à la valeur de 100 francs, et, à charge d'appel, à quelque valeur que la demande puisse s'élever, des actions en paiement de loyers ou fermages, et congés, des demandes en résiliation de baux, fondées sur le seul défaut de paiement des loyers ou fermages, des expulsions de lieux et des demandes en validité de saisie-gagerie, le tout lorsque les locations verbales ou par écrit n'excèdent pas annuellement 400 francs. »

1° Des actions pour dommages faits aux champs, fruits et récoltes, soit par l'homme, soit par les animaux, et de celles relatives à l'élagage des arbres ou haies, et au curage, soit des fossés, soit des canaux servant à l'irrigation des propriétés ou au mouvement des usines, lorsque les droits de propriété ou de servitude ne sont pas contestés;

2° Des réparations locatives des maisons ou fermes, mises par la loi à la charge du locataire;

3° Des contestations relatives aux engagements respectifs des gens de travail au jour, au mois et à l'année, et de ceux qui les emploient : des maîtres et des domestiques ou gens de services à gages ; des maîtres et de leurs ouvriers ou apprentis, sans néanmoins qu'il soit dérogé aux lois et règlements relatifs à la juridiction des prud'hommes;

4° Des contestations relatives au paiement des nourrices, sauf ce qui est prescrit par les lois et règlements d'administration publique à l'égard des bureaux de nourrices de la ville de Paris et de toutes les autres villes;

5° Des actions civiles pour diffamation verbale et pour injures publiques ou non publiques, verbales ou par écrit, autrement que par la voie de la presse ; des mêmes actions pour rixes ou voies de fait ; le tout lorsque les parties ne se sont pas pourvues par la loi criminelle.

Les juges de paix ne connaissent, en outre, à charge d'appel :

1° Des entreprises commises, dans l'année, sur les cours d'eau servant à l'irrigation des propriétés et au mouvement des usines et moulins, sans préjudice des attributions de l'autorité administrative dans les cas déterminés par les lois et les règlements; des dénonciations de nouvel œuvre, complaintes, actions en réintégrande et autres actions possessoires fondées sur des faits également commis dans l'année;

2° Des actions en bornage et de celles relatives à la distance prescrite par la loi, et par les règlements particuliers et les usages des lieux, pour les plantations d'arbres ou de haies, lorsque la propriété ou les titres qui l'établissent ne sont pas contestés ;

3° Des demandes en pension alimentaire n'excédant pas 150 francs par an, et seulement lorsqu'elles sont formées par des parents contre leurs enfants, par des beaux-pères et belles-mères contre leurs gendres et belles-filles, ou réciproquement.

Les juges de paix connaissent de toutes les demandes reconventionnelles ou en compensation qui, par leur nature ou leur valeur, sont dans les limites de leur compétence, alors même que, dans les cas prévus ci-dessus, ces demandes, réunies à la demande principale, s'élèveraient au-dessus de 200 francs. Ils connaissent, en outre, à quelques sommes qu'elles puissent monter, des demandes reconventionnelles en dommages-intérêts fondées exclusivement sur la demande principale elle-même.

L'appel des jugements des juges de paix n'est recevable ni avant les trois jours qui suivent celui de la prononciation du jugement, à moins qu'il n'y ait lieu à exécution provisoire, ni après les trente jours qui suivent la signification à l'égard des personnes domiciliées dans le canton.

Les personnes domiciliées hors du canton ont, pour interjeter appel, outre le délai de trente jours, le délai réglé par les art. 73 et 1033 du Code de procédure civile.

N'est pas recevable l'appel des jugements mal à propos qualifiés en premier ressort, ou qui, étant en dernier ressort, n'auraient point été qualifiés.

Sont sujets à l'appel les jugements qualifiés en dernier ressort, s'ils ont statué, soit sur des questions de compétence, soit sur des matières dont le juge de paix ne pouvait connaître qu'en premier ressort. Néanmoins, si le juge de paix s'est déclaré compétent, l'appel ne pourra être interjeté qu'après le jugement définitif.

Les jugements rendus par les juges de paix ne peuvent être attaqués par la voie du recours en cassation que pour excès de pouvoir.

Tous les huissiers du même canton auront le droit de donner toutes les citations et de faire tous les actes devant la justice de paix.

Dans toutes les causes, excepté celles où il y aurait péril en la demeure, et celles dans lesquelles le défendeur serait domicilié hors du canton ou des cantons de la même ville, le juge de paix pourra interdire aux huissiers de sa résidence de donner aucune citation en justice, sans qu'au préalable il n'ait appelé, sans frais, les parties devant lui (1).

Les parties peuvent toujours se présenter volontairement devant un juge de paix.

§ II. — *Des tribunaux civils d'arrondissement.*

Les tribunaux d'arrondissement connaissent, en dernier ressort, des appels des sentences rendues par les juges de paix de leur arrondissement, quand ces sentences sont sujettes à l'appel : ils connaissent pareillement, en dernier ressort, des actions personnelles et mobilières jusqu'à la valeur de quinze cents francs de principal, et des actions immobilières jusqu'à soixante francs de revenu, déterminé, soit en rentes, soit par prix de bail.

(1) A cet article la loi du 5 mai 1855 a substitué celui que voici ;

« Dans toutes les causes, excepté celles qui requièrent célérité, et celles dans lesquelles le défendeur serait domicilié hors du canton ou des cantons de la même ville, il est interdit aux huissiers de donner aucune citation en justice, sans qu'au préalable le juge de paix n'ait appelé les parties devant lui au moyen d'un avertissement sur papier non timbré, rédigé et délivré par le greffier, au nom et sous la surveillance du juge de paix, constatant l'envoi et le résultat des avertissements ; ce registre sera coté et paraphé par le juge de paix. Le greffier recevra pour tout droit et pour chaque avertissement une rétribution de 25 centimes, y compris l'affranchissement. Dans les cas qui requièrent célérité, il ne sera remis de citation, non précédée d'avertissement, qu'en vertu d'une permission donnée sans frais par le juge de paix sur l'original de l'exploit. En cas d'infraction aux dispositions ci-dessus de la part de l'huissier, il supportera, sans répétition, les frais de l'exploit et pourra, s'il y a lieu, être poursuivi disciplinairement. »

Lorsqu'une demande reconventionnelle ou en compensation aura été formée dans les limites de la compétence des tribunaux civils de première instance en dernier ressort, il sera statué sur le tout sans qu'il y ait lieu à appel. — Si l'une des demandes s'élève au delà des limites ci-dessus indiquées, le tribunal ne prononcera, sur toutes les demandes, qu'en premier ressort. Néanmoins il sera statué en dernier ressort sur les demandes en dommages-intérêts lorsqu'elles seront fondées exclusivement sur la demande principale elle-même.

Les tribunaux civils ne peuvent statuer qu'au nombre de trois juges. Les fonctions du ministère public sont remplies auprès d'eux par un procureur impérial et un ou plusieurs substituts.

§ III. — *Des cours impériales.*

Les cours impériales connaissent des appels des jugements des divers tribunaux civils d'arrondissement situés dans leur circonscription, quand ces jugements sont en premier ressort.

L'appelant est la partie qui saisit la première et principalement le tribunal d'appel. On nomme *intimé* celui qui est assigné devant ce tribunal.

L'appel est *principal*, lorsqu'il attaque la première décision de première instance; et *incident*, lorsqu'il est formé durant l'appel principal, par la partie poursuivie en appel ou l'intimé.

En règle générale, on peut appeler de tout jugement qui n'est ni en dernier ressort, ni passé en force de chose jugée.

Le délai pour interjeter appel principal est de trois mois; il court, pour les jugements contradictoires, du jour de la signification à personne ou domicile, et pour les jugements par défaut, du jour ou l'opposition n'est plus recevable; mais l'intimé peut interjeter appel incident en tout état de cause, quand même il aurait signifié le jugement sans protestation. Le délai ne court contre le mineur non émancipé que du jour où le jugement a été signifié tant au subrogé-tuteur qu'au tuteur; et pour les parties qui demeurent hors de la France continentale, il est augmenté du délai gradué, suivant la distance, par l'art. 73 du Code de procédure civile.

Aucun appel d'un jugement non exécutoire par provision ne peut être interjeté dans la huitaine, à dater du jour du jugement; les appels interjetés dans ce délai sont déclarés non recevables, sauf à l'appelant de les réitérer, s'il est encore dans le délai.

Les membres des cours impériales prennent le nom de *conseillers*, et les décisions de ces cours sont appelées *arrêts*. Les cours impériales ne peuvent juger qu'au nombre de sept conseillers, excepté certaines cours impériales des colonies, dans lesquelles cinq conseillers suffisent. — Il est certaines affaires qui sont jugées par les cours impériales en *audience solennelle*, c'est-à-dire par plusieurs chambres réunies; ce sont les renvois après cassation, les prises à partie, et les contestations sur l'état civil des citoyens, sauf les appels des jugements de séparation de corps.

§ IV. — *De la Cour de cassation.*

La *Cour de cassation* ou *cour suprême* a été instituée comme pouvoir conservateur des lois et de leur application exacte.

Si les tribunaux s'écartent de leur devoir en n'appliquant pas la loi ou en n'observant pas les formalités prescrites à peine de nullité, la Cour de cassation intervient et casse le jugement rendu par les tribunaux.

On conçoit, dès lors, que tant qu'il reste à une partie l'espoir de faire réformer le jugement dont elle se plaint, elle ne peut s'adresser à la Cour de cassation : il n'y a, en effet, que les jugements rendus en dernier ressort par les tribunaux de première instance et ceux rendus par les cours d'appel qui puissent être portés devant la Cour de cassation.

De ce que la Cour de cassation est un pouvoir régulateur dans l'administration de la justice, il s'ensuit que la fausse appréciation des faits et la fausse interprétation des actes ne peuvent fournir des ouvertures à cassation.

Le pourvoi en cassation est formé par requête d'un avocat aux conseils, et déposé au greffe de la Cour, dans les trois mois, à dater de la notification de la décision faite à personne ou à domicile.

Les pourvois sont soumis à la Chambre des requêtes, qui les rejette s'ils lui semblent mal fondés ; dans le cas contraire, on autorise le demandeur à faire signifier sa requête à la partie adverse et à appeler celle-ci devant la chambre civile de la Cour.

La chambre civile rejette définitivement le pourvoi, ou casse la décision attaquée : et, dans ce dernier cas, elle renvoie la cause et les parties devant un autre tribunal ou Cour impériale qu'elle désigne.

Les fonctions du ministère public sont remplies auprès de la Cour de cassation par un procureur général et six avocats généraux.

§ V. — *De la juridiction volontaire ou des arbitrages.*

Le législateur voit avec défaveur les procès, à cause des frais énormes qu'ils entraînent et qui ruinent trop souvent les deux parties. Il devait donc faire tout ce qu'il pouvait pour en diminuer le nombre, tout en mettant les personnes inexpérimentées à l'abri des ressources des hommes pervers. Le plus sûr moyen d'exonérer les parties des frais des procédures ordinaires était de leur permettre de porter leurs différends devant des juges volontaires qu'elles se choisissent ; la loi l'a permis, et a sanctionné par des dispositions spéciales cette juridiction volontaire, qui s'établit par un acte, que l'on nomme *Compromis*.

Toutes personnes peuvent compromettre sur les droits dont elles ont la libre disposition. Mais le mineur, l'interdit, le prodigue, la femme mariée non autorisée de son mari, ne peuvent légalement compromettre, parce qu'ils ne peuvent pas disposer librement du droit qu'ils contestent ou qui leur est contesté.

On ne peut compromettre sur les dons et legs d'aliments, logements et vêtements ; sur les séparations d'entre mari et femme, les questions d'état, ni sur aucune des contestations qui seraient sujettes à communication au ministère public.

Le compromis peut être fait par procès-verbal devant les arbitres choisis, ou par acte devant notaire, ou sous signature privée : il désigne les objets en litige et les noms des arbitres, à peine de nullité. — Les principes qui régissent cette matière se trouvent, au surplus, complétement développés dans le livre 3e du Code de procédure civile, art. 1003 à 1028.

AVERTISSEMENT

AUX MARCHANDS ET ACHETEURS.

LOIS NOUVELLES

Pour réprimer la fraude dans la vente des marchandises.

Art. 1er. — Seront punis des peines portées par l'article 423 du Code pénal, — 1° ceux qui falsifieront des substances ou denrées alimentaires ou médicamenteuses destinées à être vendues; — 2° ceux qui vendront ou mettront en vente des substances ou denrées alimentaires ou médicamenteuses qu'ils sauront être falsifiées ou corrompues; — 3° ceux qui auront trompé ou tenté de tromper, sur la quantité des choses livrées, les personnes auxquelles ils vendent ou achètent, soit par l'usage de faux poids ou de fausses mesures, ou d'instruments inexacts servant au pesage ou mesurage, soit par des manœuvres ou procédés tendant à fausser l'opération du pesage ou mesurage, ou à augmenter frauduleusement le poids ou le volume de la marchandise, même avant cette opération, soit enfin par des indications frauduleuses tendant à faire croire à un pesage ou mesurage antérieur et exact.

Art. 2. — Si, dans les cas prévus par l'art. 423 du Code pénal ou par l'art. 1er de la présente loi, il s'agit d'une marchandise contenant des mixtions nuisibles à la santé, l'amende sera de cinquante à cinq cents francs, à moins que le quart des restitutions et dommages-intérêts n'excède cette dernière somme; l'emprisonnement sera de trois mois à deux ans. — Le présent article sera applicable même au cas où la falsification nuisible serait connue de l'acheteur ou consommateur.

Art. 3. — Sont punis d'une amende de seize francs à vingt cinq francs et d'un emprisonnement de six à dix jours, ou de l'une de ces deux peines seulement, suivant les circonstances, ceux qui, sans motifs légitimes, auront dans leurs magasins, boutiques, ateliers ou maisons de commerce, ou dans les halles, foires ou marchés, soit des poids ou mesures faux, ou autres appareils inexacts ser-

TENUE DES LIVRES.

Aux termes de la loi, tout commerçant doit avoir trois livres :

Le premier, qu'on nomme *livre journal*, qui présente, jour par jour, ses dettes actives et passives, les opérations de son commerce, ses négociations, acceptations ou endossements d'effets, et généralement tout ce qu'il reçoit et paie, à quelque titre que ce soit.

Le deuxième, appelé livre des *copies de lettres*, sur lequel il est tenu d'inscrire toutes les lettres qu'il reçoit.

Le troisième est le livre des *inventaires*, sur lequel le négociant est tenu d'inscrire chaque année l'inventaire de ses effets mobiliers et immobiliers, et de ses dettes actives et passives.

Chacun de ces trois livres doit être tenu par ordre de date, sans blanc, lacune ni transport en marge.

Le livre *Journal* et le livre des *Inventaires*, seulement, doivent être cotés, paraphés et visés une fois par année, soit par un des juges au Tribunal de commerce, soit par le maire ou adjoint, dans la forme ordinaire, et sans frais.

Les commerçants sont tenus de conserver ces livres pendant dix ans.

Les livres de commerce, régulièrement tenus, peuvent être admis par le juge pour faire preuve, entre commerçants, pour faits de commerce.

Les livres que les individus faisant le commerce sont obligés de tenir, et pour lesquels ils n'auront pas observé les formalités ci-dessus prescrites, ne pourront être représentés ni faire foi en justice, au profit de ceux qui les auront tenus, sans préjudice de ce qui est réglé au livre des faillites et banqueroutes.

La communication des livres et inventaires ne peut être ordonnée en justice que dans les affaires de succession, communauté, partage de société, et en cas de faillite.

Dans le cours d'une contestation, la représentation des livres peut être ordonnée par le juge, même d'office, à l'effet d'en extraire ce qui concerne le différend.

Si la partie, aux livres de laquelle on offre d'ajouter foi, refuse de les représenter, le juge peut déférer le serment à l'autre partie.

ASSURANCES.

C'est un contrat aléatoire par lequel une partie assure la valeur estimative d'une chose mobilière ou d'une propriété immobilière, moyennant une somme que le propriétaire assuré s'oblige à payer.

La condition imposée à l'assuré, dans un contrat d'assurance contre l'incendie, de ne pas faire réassurer les mêmes objets par une autre compagnie, est valable et peut entraîner, au cas d'inexécution, la résolution du premier contrat d'assurance.

Le prix de l'assurance d'un immeuble qui a péri par incendie, doit être également dévolu à tous les créanciers chirographaires et hypothécaires.

Le locataire d'un immeuble assuré n'a pas le droit, si cet immeuble vient à périr par incendie, d'exiger que la somme allouée par la compagnie d'assurance soit employée à sa reconstruction; il n'a que le choix de demander ou une diminution de prix ou la résiliation même du bail.

Le propriétaire d'une maison peut céder à un tiers, et notamment à une compagnie d'assurance, les droits que l'art. 1733 du Code civil lui accorde, en cas d'incendie, contre son locataire. — Mais si ce droit ne lui a pas été cédé, la compagnie n'est pas subrogée de plein droit à l'action du propriétaire contre le locataire; en conséquence, si elle veut exercer une action contre ce dernier, il faut qu'elle établisse que l'incendie a été causé par la faute de celui-ci.

Il y a encore un grand nombre d'autres assurances; telles sont celles sur la vie des hommes, contre la grêle, contre la mortalité des bestiaux, contre les chances du tirage au sort pour le recrutement, etc.

Ces diverses assurances sont régies par les principes généraux du contrat d'assurance, sous les modifications des polices ou contrats particuliers qui déterminent spécialement les engagements respectifs des compagnies et des assurés.

DES SOCIÉTÉS.

La Société est un contrat par lequel deux ou plusieurs personnes conviennent de mettre quelque chose en commun, pour partager les bénéfices de l'association.

Les parties sont libres d'insérer dans le contrat toutes les clauses licites; mais il faut avant tout que la société soit contractée dans l'intérêt commun des sociétaires. On ne comprend pas une société dont un seul des associés profiterait de tous les bénéfices. Cette règle est applicable à toutes les sociétés, qui se partagent en deux grandes divisions, les sociétés *civiles* et les sociétés *commerciales*. Nous n'allons parler que de ces dernières, parce qu'elles sont à peu près les seules usitées.

Les sociétés commerciales diffèrent des sociétés civiles en ce qu'elles ont exclusivement pour but des affaires de commerce, banque ou finance ; elles sont, les unes et les autres, réglées par les conventions des parties, par le droit civil et par les lois particulières.

La loi reconnaît trois espèces de sociétés commerciales : la société en nom *collectif*, la société en *commandite*, la société *anonyme*.

DES BOURSES DE COMMERCE.

La bourse de commerce est la réunion qui a lieu sous

l'autorité du chef de l'État, des commerçants, capitaines de navires, agents de change et courtiers.

Le résultat des négociations et des transactions qui s'opèrent dans la bourse détermine le cours du change, des marchandises, des assurances, du fret ou nolis, du prix des transports par terre ou par eau, des effets publics et autres dont le cours est susceptible d'être coté.

DES COMMISSIONNAIRES.

Le commissionnaire est celui qui agit en son propre nom, ou sous un nom social, pour le compte d'un commettant. Plus particulièrement, le commissionnaire est une personne qui se charge d'un transport d'objets, soit par terre, soit par eau, et c'est dans ce sens qu'est pris ici le terme de commissionnaire.

Les devoirs et les droits du commissionnaire qui agit au nom d'un commettant sont déterminés par le Code Napoléon.

Les commissionnaires sont réputés commerçants, et, à ce titre, astreints à tenir des livres; ils ne peuvent se charger du transport des marchandises qu'autant qu'elles sont accompagnées d'une lettre de voiture.

Vente de Marchandises.

Entre nous soussignés N..., d'une part;

Et R..., d'autre part;

A été convenu de ce qui suit; savoir:

Moi N..., m'engage, par le présent, à livrer au sieur R.., sous le délai de... semaines ou mois (telle marchandise, à tant la livre, ou le quintal, ou la mesure, ou la pièce), à prendre à... (désigner le lieu), moyennant la somme de..., que ledit sieur R... consent et s'engage me payer... (comptant, ou en effets de commerce, payables à telle époque.)

Fait et signé double, à..., ce...

(*Signatures*).

Vente de marchandises sous condition.

Entre nous soussignés N..., d'une part ;
Et B..., d'autre part ;
A été convenu de ce qui suit ; savoir :

Moi, N..., promets et m'engage de livrer, sous un mois, au sieur B..., les marchandises suivantes.. (les désigner), à prendre dans mes magasins à..., moyennant la somme de... que ledit B... promet et s'engage de me payer comptant lors de la livraison, sous la condition néanmoins que, dans le cas où lesdites marchandises ne seraient pas livrées à l'époque ci-dessus désignée, ledit sieur B... aura la faculté de se désister de la présente vente, laquelle sera considérée comme nulle et non avenue.

Fait et signé double, à..., ce...

(*Signature*).

Formule d'un acte de dépôt d'objets ou marchandise quelconque.

Je soussigné D..., (nom, prénoms, profession et demeure) reconnais avoir reçu de L... (nom, prénoms, profession et demeure), à titre de dépôt les effets (ou marchandises) dont le détail suit : 1° (énoncer exactement les objets déposés).

Je m'engage à garder et soigner lesdits objets (ou marchandises) pendant tout le temps qu'ils resteront entre mes mains, sans que j'aie cependant à répondre de leur perte, si elle avait lieu par cas fortuit, ni des détériorations qui pourraient leur survenir sans ma faute, ni ma négligence. Je promets de rendre identiquement les objets dont il s'agit ; à la volonté de L..., à lui-même ou à son fondé de pouvoir spécial, sous la réserve de répéter les frais que je pourrai faire pour leur garde et leur conservation.

Fait à..., le... mil huit cent....

(*Signature*).

Formule d'un acte de décharge.

Je soussigné... reconnais que D. (le dépositaire) m'a remis fidèlement et identiquement toutes les choses portées à l'acte de dépôt qu'il m'avait consenti à la date du..., et que je n'ai plus rien à lui réclamer.

Fait à..., le..., mil huit cent...

(*Signature*).

Modèle de pouvoir spécial.

Je soussigné (nom, prénoms, demeure), propriétaire d'une maison sise à... (indiquer la situation.)

Donne pouvoir à M. B. (nom, prénoms et demeure du mandataire) de, pour moi et en mon nom toucher, recevoir les loyers de madite maison sise à..., en donner quittances, en cas de non paiements, en poursuivre le recouvrement; pratiquer à cet effet toutes saisies-gageries en revendication, former toute demande en condamnation et en validité desdites saisies, constituer tous avoués, obtenir tous jugements, les mettre à exécution, provoquer toutes ventes, produire à toutes contributions, toucher toutes sommes et en donner décharge, en un mot, faire tout ce qui sera nécessaire pour toucher lesdits loyers, promettant l'avoir pour agréable.

Fait à..., le...

N. B. Le mandat doit faire précéder sa signature des mots: Bon pour pouvoir.

MANDAT.

Modèle de procuration générale.

Je soussigné (nom, prénoms, demeure), donne pouvoir à (nom, prénoms et demeure du mandataire),

De pour moi et en mon nom, toucher toutes les sommes qui me sont dues ou qui pourront l'être, poursuivre tous débiteurs en paiement desdites sommes, demander toutes indemnités qui me seraient dues, en fixer amiablement le montant, ou le faire fixer par experts en tous tribunaux.

Prendre communication de tous livres, registres, journaux et autres titres propres à faire constater la position active et passive de tous débiteurs, comparaître à toutes assemblées de créanciers, prendre part à toutes délibérations; vérifier, admettre ou rejeter tous titres qui seraient produits; faire vérifier mes créances, affirmer qu'elles sont sincères et véritables.

En cas de difficulté et à défaut de paiement de la part de tous débiteurs, exercer toutes poursuites, contraintes et diligences nécessaires; faire tous commandements, toutes sommations; citer et paraître tant en demandant qu'en défendant devant tous tribunaux de paix, se concilier si faire se peut, prendre tous arrangements, faires toutes remises, demander termes, délais, traiter, composer, transiger, compromettre en tout état de cause; nommer tous experts et amiables compositeurs, leur donner tous pouvoirs et autorisations, s'en rapporter à leurs décisions ou les contester, renoncer à tous appels et recours en cassation; à défaut de conciliation, se pourvoir devant tous tribunaux compétents, y former toutes demandes, défendre à celles intentées, constituer tous avoués, avocats; les révoquer, en constituer d'autres, plaider, en appeler; intervenir dans toutes instances; se pourvoir, et défendre en cassation; faire toutes consignations, s'opposer à celles qui seraient demandées, obtenir tous jugements, arrêts, les faire lever, signifier et exécuter par toutes les voies de droit, faire tous actes conservatoires ; interrompre toutes prescriptions ou les opposer ; former toutes oppositions, prendre toutes inscriptions hypothécaires, les renouveler, faire procéder à saisie et vente de meubles et à toutes expropriations forcées, convertir toutes saisies immobilières en vente sur publications volontaires ; exercer toutes contraintes par corps, faire tous écrous et recommandations, consigner tous aliments, provoquer tous ordres et contributions, obtenir tous bordereaux et mandements de collocation, en toucher le montant ; donner toutes mains-levées, consentir toutes radiations d'office et autres, même de celles existantes, donner tous acquiescements et désistements, consentir restriction, prêter tous consentements, substituer une ou plusieurs personnes dans tout ou partie des présents pouvoirs, révoquer lesdites substitutions, en faire de nouvelles.

Aux effets ci-dessus passer et signer tous actes, élire domicile, et généralement faire tout ce que le mandataire jugera convenable ; promettant l'avoir pour agréable et le ratifier.

Fait à..., le...

Signer comme le modèle précédent.

VOITURIERS PAR TERRE ET PAR EAU.

Ce sont les entrepreneurs de transport qui se chargent, à certaines conditions et moyennant un prix déterminé, de conduire, soit des marchandises et autres objets, soit des personnes, d'un lieu à un autre.

Les voituriers par terre et par eau sont assujettis, pour la garde et la conservation des choses qui leur sont confiées, aux mêmes obligations que les aubergistes. — Ainsi, ils sont responsables, comme dépositaires, des effets apportés par le voyageur, et le dépôt de ces sortes d'effets doit être regardé comme un dépôt nécessaire. — Ils sont responsables du vol ou du dommage des effets du voyageur, soit que le vol ait été fait ou que le dommage ait été causé par leurs domestiques ou par des étrangers. — Ils répondent non-seulement de ce qu'ils ont déjà reçu dans leur bâtiment ou voiture, mais encore de ce qui leur a été remis sur le port ou dans l'entrepôt pour être placé dans leur bâtiment ou voiture. — Ils sont responsables de la perte des choses qui leur sont confiées, à moins qu'ils ne prouvent qu'elles ont été perdues par force majeure. — Ils sont garants des avaries autres que celles qui proviennent du vice propre de la chose ou de la force majeure.

Les entrepreneurs de voitures publiques par terre ou par eau, et ceux des roulages publics, doivent tenir registre de l'argent, des effets et des paquets dont ils se chargent. — Ils sont en outre assujettis à des règlements particuliers, qui font la loi entre eux et les autres citoyens.

Il se rencontre souvent un intermédiaire entre l'expéditeur et le voiturier : c'est le commissionnaire, qui se charge d'un transport par terre ou par eau : il est tenu d'inscrire sur son livre-journal la déclaration de la nature et de la quantité des marchandises, et, s'il en est requis, de leur valeur. — Il est garant de l'arrivée des marchandises et effets dans le délai déterminé par la lettre de voiture, hors les cas de la force majeure légalement constatée. — Il est garant des avaries ou pertes de marchandises et effets, s'il n'y a stipulation contraire dans la lettre de voiture, ou force majeure, jusqu'à concurrence du prix de la voiture. — Le commissionnaire ou voiturier a un privilége pour les frais de voiture et les dépenses accessoires sur la chose voiturée.

L'art. 108 du Code de commerce, qui fixe à six mois la durée de l'action contre le voiturier pour raison de perte ou d'avarie, n'est applicable que lorsqu'il s'agit du transport de marchandises, et non lorsqu'il s'agit du transport d'objets confié par des non-commerçants (Troplong, Zachariæ, Duvergier).

L'art. 2 de la loi du 25 mai 1838, qui dispose que les contestations entre voyageurs et voituriers seront jugées par le juge de paix, ne s'applique pas au cas où des effets sont déposés au roulage ou aux messageries, sans que le voyageur les accompagne (Caron, *Jurid. des juges de paix*).

Suivant M. Pardessus, *Droit commercial*, l'annonce faite au public par les entrepreneurs publics de transport, avec des conditions de prix, de périodicité de jour et d'heure, ne leur permet plus de refuser de partir au moment déterminé, ni d'exiger d'autres prix que ceux indiqués dans leurs annonces. Ils ne peuvent refuser de partir aux jour et heure annoncés, quand même le nombre des personnes et des objets qu'ils doivent transporter ne suffirait pas pour compléter leur chargement ou couvrir leurs déboursés (Pardessus). — Mais le service des entrepreneurs particuliers n'étant pas publiquement annoncé, on ne peut les contraindre à partir à jour et à heure fixes : ils sont libres de se charger quand bon leur semble, et à des prix débattus, d'effectuer des transports (Pardessus, fin du *Droit commercial*).

Marché fait pour transport de marchandises.

M. J... (prénoms, nom, profession, demeure), d'une part;

Et M. E..., (id.), d'autre part;

Sont convenus de ce qui suit :

M. J... s'oblige envers M. E..., ce acceptant, à voiturer, conduire, transporter, avec sa charette, ses chevaux et harnais, de (tel lieu), à (tel autre lieu).

(Désigner la nature et le poids des objets à transporter). Le tout étant actuellement à (désigner le lieu d'où l'on prend ces objets). M. J... commencera, ainsi qu'il s'y oblige, le transport desdites marchandises, le... et le continuera ainsi sans interruption jusqu'à ce que lesdits objets soient arrivés à leur destination, de telle sorte que lesdites marchandises soient transportées au plus tard, le... à peine de... d'indemnité pour chaque jour de retard.

Ce marché est fait moyennant la somme de... que M. E... s'oblige de faire payer audit sieur J... par M..., son correspondant.

Fait double à..., le...

(*Signatures.*)

Lettres de voitures.

Voiture... f. C.

Remboursement Paris, ce..... an.....

M... à la garde de Dieu, et conduite de... voiturier à... je vous envoie... (Désigner la E. P. nature et quantités de marchandises), marqués comme en N. 2 marge, pesant..., pour être rendues en... jours, à peine de perdre le tiers de la voiture. Les ayant bien reçues conditionnées, vous payerez la somme de... par quintal et lui rembourserez celle de... suivant le détail ci-après (ou en marge).

A M. Jauin, négociant à Nantes, département de Loire-Inférieure.

(Signatures).

Procès-verbal provisoire constatant un cas d'avarie à l'arrivée des marchandises.

L'an mil huit cent..., le..., heure de..., nous soussignés (prénoms, noms, professions des deux experts, leurs demeures); à la réquisition de M. (prénoms, nom), marchand de..., demeurant à..., nous nous sommes transportés à son domicile, où étant arrivés, M... nous a déclaré qu'il lui avait été présenté, il y a moins d'un quart d'heure (tant) de ballots de marchandises ; le premier marqué N°..., le deuxieme N°... ; que ces ballots, qui lui étaient adressés par M..., négociant à..., lui étaient arrivés par l'entremise (de tel roulage ou tel commissionnaire) et avaient été transportés à son domicile par le camion dudit roulage ; mais que ces ballots présentant le caractère d'une avarie complète, il avait refusé de les recevoir, et sur le refus du conducteur de les remporter, il s'était opposé à ce qu'ils fussent emmagasinés chez lui et qu'ils avaient été déposés sous le couvert de la porte cochere ; qu'il nous requérait, en conséquence, de constater l'avarie, sauf à lui à se pourvoir devant les tribunaux, pour faire valoir ses droits comme il aviserait.

Obtempérant à sa réquisition et sans aucunement entamer les ballots nous avons procédé à leur examen extérieurement, et nous avons reconnu qu'ils présentaient le caractere d'une avarie partielle. En foi de quoi nous avons délivré le présent certificat, pour valoir ce que de droit à M..., requérant, qui a signé avec nous.

Fait à... ledit jour, mois et an.

(Signatures).

COMMIS-VOYAGEUR.

On désigne sous ce nom les personnes qui voyagent pour le compte d'un commerçant par lequel elles sont commissionnées.

On donne aussi ce nom à celui qui, sans être spécialement délégué ou commissionné par telle ou telle maison de commerce, voyage pour son propre compte, et se charge de toutes les commissions qui peuvent lui être données.

Le commis-voyageur agit donc, soit en vertu d'un mandat d'une maison spéciale, soit comme entrepreneur de commissions diverses.

Salarié par le marchand ou par la maison de commerce qui l'emploie, le commis-voyageur est considéré comme un homme de service à gages dans le sens de l'art. 408 du Code pénal.

En conséquence le détournement de sommes reçues pour son commettant constitue non pas seulement le délit d'abus de confiance, mais bien le crime de vol domestique.

DES BREVETS D'INVENTION.

Une nouvelle loi promulguée le 31 mai 1856, modifie ainsi qu'il suit l'article 32 de la loi du 5 juillet 1844, sur les brevets d'invention.

1° Sera déchu de tous ses droits, le breveté qui n'aura pas acquitté son annuité avant le commencement de chacune des années de la durée de son brevet.

2° Le breveté qui n'aura pas mis en exploitation sa découverte ou invention en France dans le délai de deux ans, à dater du jour de la signature du brevet, ou qui aura cessé de l'exploiter pendant deux années consécutives, à moins que, dans l'un ou l'autre cas, il ne justifie des causes de son inaction;

3° Le breveté qui aura introduit en France des objets fabriqués en pays étranger et semblables à ceux qui sont garantis par son brevet.

Néanmoins, le ministre de l'agriculture, du commerce et des travaux publics, pourra autoriser l'introduction :

1° Des modèles de machines;

2° Des objets fabriqués à l'étranger, destinés à des expositions publiques ou à des essais faits avec l'assentiment du gouvernement;

Délibéré en séance publique, à Paris, le 20 mai 1856.

Lorsqu'il est pris au nom d'une société régulièrement constituée, il appartient à la raison sociale et non aux associés individuellement.

Lorsque les brevets sont délivrés, et les droits de l'inventeur assurés, les descriptions, dessins, échantillons et modèles, déposés au ministère de l'agriculture et du commerce, sont communiqués gratuitement à ceux qui veulent en prendre connaissance; mais il est défendu de prendre aucune note: on peut seulement, en en faisant la demande, obtenir une copie du brevet en payant un droit de 25 fr. pour chaque brevet principal, et de 20 fr. pour chaque brevet d'addition. Les frais de copie du dessin, si on tient à les avoir, se paient en plus.

Lorsque les brevets sont expirés et tombés dans le domaine public, ils sont déposés au Conservatoire des arts et métiers, où on peut les consulter et en prendre copie sans aucune rétribution (1).

Marché fait entre un négociant et un commis.

Les soussignés,

M. P. (prénoms, nom) négociant, demeurant à, d'une part;

Et M. F... (id.), d'autre part;

Sont convenus de ce qui suit :

M. F. s'engage à travailler chez M. P..., en qualité de commis, y tenir les écritures et à s'employer à tel autre usage relatif au commerce qu'exerce M. P. et l'emploi qu'il voudra bien lui confier, et ce, pendant..., à partir du... M. P... accepte cet engagement et s'oblige, de son côté, à conserver M. F... en qualité de commis pendant ledit temps.

Comme indemnité de son travail, M. P... nourrira, logera, éclairera et chauffera M. F... et le mettra au fait de son état. Mais attendu que M. F... n'a pas encore d'expérience, et que ses travaux ne pourront être

(1) La taxe pour les brevets d'invention est de:
500 fr. pour un brevet de cinq ans;
1,000 fr. pour un brevet de dix ans;
1,500 fr. pour un brevet de quinze ans.

que faiblement utiles à M. P... dans les premières années, il est convenu que M. F... payera à M. P... à titre de pension ; savoir : la première année, la somme de...; la deuxième, celle de...; la troisième...; seulement la quatrième année sera gratuite, et de plus M. P... se réserve d'appointer dans le cours de cette même quatrième année M. F... s'il est satisfait de ses travaux. Ces paiements se feront à la fin de chaque année.

M. F... s'oblige à remplir et exécuter les travaux qui lui seront confiés, avec zèle, exactitude, et de faire tout ce qui dépendra de lui pour mériter de plus en plus la confiance de M. P.

Fait double à...

(*Signatures*).

CRÉDIT.

C'est l'acte par lequel un banquier ou un négociant s'engage à fournir à une personne des fonds, ou des effets négociables, jusqu'à concurrence d'une somme déterminée.

Par cet acte, le *créditeur* s'oblige à prêter, et le *crédité* à emprunter : mais la dette ne prend naissance qu'au moment de la réalisation ou remise soit des espèces, soit des valeurs promises. De ce moment, le créditeur et le crédité se trouvent en état de *compte-courant*.

Le crédit ouvert peut être limité non-seulement à une certaine somme déterminée, mais encore à un laps de temps fixé à l'avance : comme aussi sa quotité et sa durée peuvent être illimitées, suivant les conventions des parties.

En général, le crédité fournit à l'avance soit un gage mobilier, soit une hypothèque ou un cautionnement, pour sûreté de la somme qu'il emprunte.

Les auteurs sont d'accord pour reconnaître que le crédité peut être condamné à des dommages et intérêts envers le créditeur, s'il n'usait pas du crédit ouvert par ce dernier : car celui-ci a dû tenir des fonds à la disposition de l'autre, et dès lors, il a pu se refuser à d'autres opérations. Mais dans ce cas, les tribunaux sont juges souverains des circonstances, et ils ont seuls le droit de fixer la quotité des dommages et intérêts.

Les actes d'ouverture de crédit peuvent, comme les obligations ordinaires, être faits sous seing privé : cependant, s'ils contenaient une affection hypothécaire ils devraient être passés devant notaire, conformément à l'art. 2127 du Code Napoléon.

ENREGISTREMENT.

Les actes d'ouverture de crédit ne sont mentionnés dans aucune des lois sur l'enregistrement. La jurisprudence a seule fixé les droits à acquitter par suite de ces actes.

BILLET A ORDRE ET LETTRE DE CHANGE.

Le billet à ordre est daté ; il énonce la somme à payer, le nom de celui à l'ordre de qui il est souscrit, l'époque à laquelle le paiement doit s'effectuer, la valeur qui a été fournie en espèces, en marchandises, en compte, ou de toute autre manière.

Presque toutes les dispositions relatives aux lettres de change sont applicables aux billets à ordre.

La différence essentielle c'est que la lettre de change est tirée d'un lieu sur un autre, tandis que le billet à ordre n'est pas tiré de place en place.

Sont réputées simples promesses, toutes lettres de change contenant supposition, soit de nom, soit de qualité, soit de domicile, soit des lieux d'où elles sont tirées ou dans lesquels elles sont payables.

La signature des femmes et des filles non négociantes ou marchandes publiques sur lettres de change, ne vaut, à leur égard, que comme simple promesse.

Le billet à ordre est ainsi conçu :

Paris, le 2 février 1856.

B. P. F. 1000

Le quinze juillet prochain, je paierai à Monsieur Baudran (professeur), ou à son ordre, la somme de mille francs, valeur reçue comptant (ou en marchandises).

(Signature et domicile du débiteur.) (1)

(1) Si le corps du billet ou de la lettre de change n'était pas écrit de

Modèle de lettre de change.

Paris, le 10 octobre 1856.

B. P. F. 1000

A présentation ou à...... (le nombre de jours, de mois, ou d'usances) de vue, ou le...... (le quantième de tel mois) prochain, il vous plaira payer par cette seule lettre de change, à mon ordre, la somme de mille francs, valeur en moi-même, que vous passerez suivant mon avis.

(*Signature.*) (1)

A M. Durand, banquier à Lyon (Rhône).

Toutes actions relatives aux lettres de change et à ceux des billets à ordre souscrit par des négociants, marchands ou banquiers, ou pour faits de commerce, se prescrivent par cinq ans, à compter du jour du protêt, ou de la dernière poursuite juridique, s'il n'y a eu condamnation, ou si la dette n'a été reconnue par acte séparé. Néanmoins, les prétendus débiteurs sont tenus, s'ils en sont requis, d'affirmer sous serment qu'ils ne sont plus redevables; et leurs veuves, héritiers ou ayants cause, qu'ils estiment de bonne foi qu'il n'est plus rien dû.

D'après un arrêt de la Cour de Cassation, en date du 16 novembre 1853, la prescription, en ce qui concerne les lettres de change protestées tardivement, court du lendemain de l'échéance, et non de la date du protêt tardif.

la main du tireur, sa signature devrait être précédée d'un bon exprimant la somme en toutes lettres.

(1) La lettre de change faite à l'ordre du tireur lui-même, telle que le modèle, tire toute sa valeur, ou tout au moins le complément de sa perfection, de l'endossement; car c'est ce dernier acte qui, dans l'espèce, forme seul le contrat de change. L'endossement d'une lettre de change, appelé aussi ordre, est d'ailleurs fort simple; il se rédige ainsi :

Payez à l'ordre de M. N......, valeur de lui reçue comptant, ou en compte, ou en marchandises, selon le cas; puis on met la date et la signature. Les ordres ou endossements ne peuvent pas être antidatés, à peine de faux (Article 130 du Code de commerce).

Bordereau de négociation.

Paris, le 10 janvier 1856.

Négocié à M Rosemfeld les effets ci-après, à 6 p. 0/0 l'an et 3/4 de commission et change de place.

	fr.	c.		fr. c.	
Nantes, 26 avril.	. 1000	»	106 jours.	17 65	intérêts.
» 16 mai.	. 1000	»	126 »	21 »	»
Lyon, 26 id.	. 2000	»	136 »	45 38	»
Bordeaux 11 juin.	. 1000	»	152 »	25 33	»
	5000	»		109 35	»

A déduire :

Intérêts.	109 35	146 85
3/4 comm. et change.	37 50	
net. . . .		4,853 15

FAILLITE.

La faillite est l'état du commerçant qui cesse ses paiements. — La faillite d'un commerçant peut être déclarée après son décès, lorsqu'il est mort en état de cessation de paiements. La déclaration de la faillite ne peut être, soit prononcée d'office, soit demandée par les créanciers, que dans l'année qui suit le décès (art. 1er de la loi du 28 mai 1838).

Formule de bilan.

Bilan du sieur G..., marchand de nouveautés, à....., rue....., n°.....

ACTIF.

Marchandises en magasin.	fr. 20 000
Mobilier industriel.	5,000
Mobilier particulier.	1.000
Créances bonnes.	3,000
— douteuses ou mauvaises.	5.000
Espèces en caisse et effets en portefeuille. . . .	1.000
Total de l'actif. . .	35,000

(Porter les immeubles s'il y en a.)

PASSIF.

Dû aux créanciers suivants :
(Créanciers hypothécaires s'il y en a.)

Créanciers privilégiés.

M. Romiguère, propriétaire, pour loyer.	fr.	500
Jules, mon commis, un mois.		100
Pauline, ma domestique.		50

Créanciers chirographaires.

(En faire le détail.)

Ensemble. . .	75,000
Total du passif. . .	75,650

Certifié sincère, véritable et conforme à mes livres.

Paris, le.....

Signé : G.....

(Nota. — *Lorsque le bilan est fait par les syndics, il doit être certifié et signé par eux.*)

Bordereau pour produire à une faillite, ou production.

Bordereau des sommes réclamées par MM. J. Bertrand et Cie, négociants à Paris, rue....., n°....., dans la faillite du sieur Louis Leroux, négociant, demeurant à.....

1855. Janvier 15.	Notre facture,	fr.	510
id. 25.	Retour de son billet au 20 courant, avec protêt,		415
Février 9.	Notre facture,		335
	Ensemble,		1,260

Dont nous demandons l'admission au passif de la faillite dudit sieur Leroux

Paris, le.....

Signé : J. Bertrand et Cie.

Pièces à l'appui :

1° Notre facture, 15 janvier,
2° id. 9 février,
3° Billet Leroux au 20 janvier, protesté.

(On doit joindre les pièces à la production.)

AVERTISSEMENT

AUX MARCHANDS ET ACHETEURS.

LOIS NOUVELLES

Pour réprimer la fraude dans la vente des marchandises.

Art. 1er. — Seront punis des peines portées par l'article 423 du Code pénal, — 1° ceux qui falsifieront des substances ou denrées alimentaires ou médicamenteuses destinées à être vendues; — 2° ceux qui vendront ou mettront en vente des substances ou denrées alimentaires ou médicamenteuses qu'ils sauront être falsifiées ou corrompues; — 3° ceux qui auront trompé ou tenté de tromper, sur la quantité des choses livrées, les personnes auxquelles ils vendent ou achètent, soit par l'usage de faux poids ou de fausses mesures, ou d'instruments inexacts servant au pesage ou mesurage, soit par des manœuvres ou procédés tendant à fausser l'opération du pesage ou mesurage, ou à augmenter frauduleusement le poids ou le volume de la marchandise, même avant cette opération, soit enfin par des indications frauduleuses tendant à faire croire à un pesage ou mesurage antérieur et exact.

Art. 2. — Si, dans les cas prévus par l'art. 423 du Code pénal ou par l'art. 1er de la présente loi, il s'agit d'une marchandise contenant des mixtions nuisibles à la santé, l'amende sera de cinquante à cinq cents francs, à moins que le quart des restitutions et dommages-intérêts n'excède cette dernière somme; l'emprisonnement sera de trois mois à deux ans. — Le présent article sera applicable même au cas où la falsification nuisible serait connue de l'acheteur ou consommateur.

Art. 3. — Sont punis d'une amende de seize francs à vingt-cinq francs et d'un emprisonnement de six à dix jours, ou de l'une de ces deux peines seulement, suivant les circonstances, ceux qui, sans motifs légitimes, auront dans leurs magasins, boutiques, ateliers ou maisons de commerce, ou dans les halles, foires ou marchés, soit des poids ou mesures faux, ou autres appareils inexacts servaut au pesage ou au mesurage, soit des substances alimentaires ou médicamenteuses qu'ils sauront être falsifiées ou corrompues. — Si la substance falsifiée est nuisible à la santé, l'amende pourra être portée à cinquante francs, et l'emprisonnement à quinze jours.

Art. 4. — Lorsque le prévenu, convaincu de contravention à la présente loi ou à l'art. 423 du Code pénal, aura, dans les cinq années qui ont précédé le délit, été condamné pour infaction à la présente loi ou à l'art. 423, la peine pourra être élevée jusqu'au double du maximum; l'amende prononcée par l'art. 423 et par les art. 1 et 2 de la présente loi pourra même être portée jusqu'à mille francs, si la moitié des restitutions et dommages-intérêts n'excède pas cette somme; le tout, sans préjudice de l'application, s'il y a lieu, des art. 57 et 58 du Code pénal.

Art. 5. — Les objets dont la vente, usage ou possession constitue le délit, seront confisqués, conformément à l'art. 423 et aux art. 477 et 481 du Code pénal. — S'ils sont propres à un usage alimentaire ou médical, le tribunal pourra les mettre à la disposition de l'administration pour être attribués aux établissements de bienfaisance. — S'ils sont impropres à cet usage ou nuisibles, les objets seront détruits ou répandus aux frais du condamné. Le tribunal pourra ordonner que la destruction ou effusion aura lieu devant l'établissement ou le domicile du condamné.

Art. 6. — Le tribunal pourra ordonner l'affiche du jugement dans les lieux qu'il désignera, et son insertion intégrale ou par extrait dans tous les journaux qu'il désignera, le tout aux frais du condamné.

Art. 7. — L'art. 463 du Code pénal sera applicable aux délits prévus par la présente loi.

Art. 8. — Les deux tiers du produit des amendes sont attribués aux communes dans lesquelles les délits ont été constatés.

Art. 9. — Sont abrogés les art. 475, n° 14 et 479, n° 5 du Code pénal (*Loi du 10 mars 1851.*).

BANQUEROUTE SIMPLE OU FRAUDULEUSE.

Sera déclaré banqueroutier simple tout commerçant failli qui se trouvera dans un des cas suivants :

1° Si ses dépenses personnelles ou les dépenses de sa maison sont jugées excessives;

2° S'il a consommé de fortes sommes, soit à des opérations de pur hasard, soit à des opérations fictives de bourse ou sur marchandises;

3° Si, dans l'intention de retarder sa faillite, il a fait des achats pour revendre au-dessous du cours; si, dans la même intention, il s'est livré à des emprunts, circulation d'effets, ou autres moyens ruineux de se procurer des fonds ;

4° Si, après cessation de ses payements, il a payé un créancier au préjudice de la masse.

Pourra être déclaré banqueroutier simple tout commerçant failli qui se trouvera dans un des cas suivants :

1° S'il a contracté, pour le compte d'autrui, sans recevoir des valeurs en échange, des engagements jugés trop considérables eu égard à sa situation lorsqu'il les a contractés;

2° S'il est de nouveau déclaré en faillite sans avoir satisfait aux obligations d'un précédent concordat;

3° Si, étant marié sous le régime dotal, ou séparé de biens, il ne s'est pas conformé aux art. 69 et 70;

4° Si, dans les trois jours de la cessation de ses payements, il n'a pas fait au greffe la déclaration exigée par les art. 438 et 439, ou si cette déclaration ne contient pas les noms de tous les associés solidaires;

5° Si, sans empêchement légitime, il ne s'est pas présenté en personne aux syndics dans les cas et dans les délais fixés, ou si, après avoir obtenu un sauf-conduit, il ne s'est pas représenté à justice ;

6° S'il n'a pas tenu de livres et fait exactement inventaire ; si ses livres ou inventaire sont incomplets ou irrégulièrement tenus, ou s'ils n'offrent pas sa véritable situation active ou passive, sans néanmoins qu'il y ait fraude.

Sera déclaré banqueroutier frauduleux, et puni des peines portées au Code pénal, tout commerçant failli qui aura soustrait ses livres, détourné ou dissimulé une partie de son actif, ou qui, soit dans ses écritures, soit par des actes publics ou des engagements sous signature privée, soit par son bilan, se sera frauduleusement reconnu débiteur de sommes qu'il ne devait pas.

DE LA CONTRAINTE PAR CORPS.

La contrainte par corps est un mode d'exécution qui donne au créancier le droit de faire incarcérer son débiteur, pour le contraindre au paiement de sa dette, et pour un temps fixé selon l'importance de la créance.

La contrainte par corps ne peut être exécutée qu'un jour après la signification légale, avec commandement du jugement qui l'a prononcée ; à moins qu'il ne s'agisse d'une créance contre un étranger, qu'on peut faire arrêter provisoirement.

Ne sont soumis à la contrainte par corps en matière de commerce :

1° Les femmes et les filles non légalement réputées marchandes publiques ;

2° Les mineurs non commerçants, ou qui ne sont point réputés majeurs pour fait de leur commerce ;

3° Les veuves et héritiers des justiciables des tribunaux de commerce assignés devant ses tribunaux en reprise d'instance ou par action nouvelle, en raison de leur qualité.

4° Les débiteurs qui auront commencé leur soixante et dixième année.

Le débiteur ne peut être arrêté :

1° Avant le lever et après le coucher du soleil ;

2° Les dimanches et jours de fêtes légales;

3° Dans les édifices consacrés aux cultes pendant les exercices religieux;

4° Dans les lieux et pendant le temps des séances des autorités constituées;

5° Dans une maison quelconque, même à son domicile, à moins cependant que l'arrestation extraordinaire n'ait été ordonnée par le juge de paix, et, en ce cas, le juge de paix doit accompagner l'officier ministériel (1) (art. 781 du Code de proc. civ.). Enfin le débiteur ne peut être non plus arrêté lorsque, appelé comme témoin devant un juge d'instruction, ou devant un tribunal de première instance, ou une cour impériale d'assises, il est porteur d'un sauf-conduit.

Décret impérial.

Loi nouvelle relative aux concordats par abandon.

Article unique. — L'art. 541 du Code de commerce est modifié ainsi qu'il suit :

« Art. 541. — Aucun débiteur commerçant n'est recevable à demander son admission au bénéfice de cession de biens.

« Néanmoins, un concordat par abandon total ou partiel de l'actif du failli peut être formé, suivant les règles prescrites par la section II du présent chapitre.

« Ce concordat produit les mêmes effets que les autres concordats; il est annulé ou résolu de la même manière.

« La liquidation de l'actif abandonné est faite conformé-

(1) La loi du 26 mars 1855 modifie de la manière suivante le paragraphe 5 de l'art. 781 du Code de proc. civ. et l'art. 15 du décret du 14 mars 1808 :

« Dans une maison quelconque, même dans son domicile, à moins qu'il n'ait été ainsi ordonné par le juge de paix du lieu, lequel juge de paix devra, dans ce cas, se transporter dans la maison avec l'officier ministériel, ou déléguer un commissaire de police. »

Art. 15. — Dans le cas prévu par le paragraphe 5 de l'art. 781 du Code de proc. civ., il ne peut être procédé à l'arrestation qu'en vertu d'une ordonnance du président du tribunal civil, qui désigne un commissaire de police chargé de se transporter dans la maison avec le garde du commerce.

ment aux paragraphes 2, 3 et 4 de l'art. 529, aux art. 532, 533, 534, 535 et 536, et aux paragraphes 1er et 2 de l'art. 537.

« Le concordat par abandon est assimilé à l'union pour la perception des droits d'enregistrement, »

BOULANGER.

Le commerce de la boulangerie est également soumis et par les mêmes lois que celui de la boucherie à la surveillance de l'autorité municipale.

Les principes de cette surveillance et ceux concernant les priviléges pour les fournitures faites sont identiques.

Dans un grand nombre de localités, les boulangers sont tenus d'avoir une certaine quantité d'hectolitres de farine, qui forme le cautionnement, envers l'administration.

L'arrêté municipal qui défend aux boulangers de pousser des cris ou des hurlements en pétrissant le pain, est obligatoire, et la contravention à ses dispositions est punie, comme bruit nocturne, d'après les art. 479, n. 8, et 480, n. 2 du Code pénal, de 11 fr. à 15 fr. d'amende et d'un emprisonnement qui peut s'élever à cinq jours.

Chaque localité a sur cette matière des règlements particuliers auxquels il faut s'en rapporter.

BOUCHER.

L'action des bouchers, pour les fournitures par eux faites, se prescrit pour six mois; et la loi, pour ce qui leur est dû depuis ce temps, leur accorde un privilége sur les meubles et sur les immeubles de leur débiteur. Ce privilége ne peut cependant être exercé par eux qu'après les frais funéraires, les frais de la dernière maladie, et le salaire des gens de service. Art. 2101 et 2104 du Code Napoléon.

L'art. 480 du Code pénal prononce un emprisonnement de cinq jours contre tout boucher qui se serait servi de poids non conformes à ceux qui seuls sont autorisés.

DROIT PÉNAL
EXPLIQUÉ.

DÉLITS CONTRE LES PERSONNES. — DÉLITS CONTRE LES BIENS. — PEINES ET AMENDES.

Ce n'était pas assez pour le législateur d'avoir posé dans les lois civiles les principes de justice qui commandent à l'homme de respecter les biens, l'honneur et la personne de son semblable, ni d'avoir établi les règles qui servent de base aux relations des peuples et des individus entre eux; il fallait encore trouver une sanction à l'accomplissement de ces règles, à la violation de ces principes, et c'est ce que l'on a cherché par l'établissement d'autres règles, par les rigueurs d'une autre série de dispositions législatives, qu'on appelle le *Droit pénal* ou le *Droit criminel.*

Deux parties bien distinctes forment l'ensemble de cette législation : la première traite de l'instruction et de la procédure en matière criminelle; la seconde règle la mesure de la pénalité ou la répression applicable à chaque infraction, que l'on nomme *crime, délit* ou *contravention,* selon la nature et la gravité des cas.

A la différence des autres parties de notre Droit, qui n'ont chacune que sa juridiction spéciale, à un ou plusieurs degrés, le *Droit pénal* en compte *cinq* bien tranchées dans son régime : ainsi il existe des conseils de guerre pour juger et punir toutes les fautes commises par les militaires, et des conseils de discipline institués dans plusieurs corporations de fonctionnaires pour réprimer les infractions imputées aux membres seulement de ces corporations, telles que celles des notaires, des avocats, avoués, huissiers, etc. Ce sont là des tribunaux exceptionnels qui n'ont juridiction que sur les membres de leurs compagnies respectives. Dans un ordre plus général, et comme exerçant leur autorité sur tout le monde, se trouvent : 1° les tribunaux de simple police pour juger les contraventions; 2° les tribunaux correctionnels pour réprimer les délits; 3° et les cours d'assises pour punir les crimes. Il existe encore un sixième tribunal de répression institué pour connaître des crimes, attentats ou complots contre l'Empereur et contre la sûreté intérieure ou extérieure de l'Etat : c'est la haute cour de justice. Mais de toutes ces diverses juridictions, il n'en est guère que deux dont la connaissance puisse intéresser nos lecteurs, à cause des rapports plus ou moins fréquents qu'ils peuvent avoir avec elles : ce sont les tribunaux de simple police et les tribunaux correctionnels. Les autres, n'exerçant leur action que dans des cas heureusement fort rares et pour lesquels l'assistance d'un avocat est d'ailleurs indispensable toutes les fois que l'on a affaire devant eux, doivent demeurer en dehors de notre cadre, dont l'espace déjà restreint peut être plus utilement occupé par d'autres matières. Nous nous bornerons donc à traiter sommairement dans les cinq sections qui vont suivre les règles spéciales en matière de contraventions et de délits ordinaires seulement, c'est-à-dire ce qui concerne plus particulièrement les tribunaux de simple police et les tribunaux correctionnels.

DES DÉLITS.

Des caractères constitutifs du délit.

Il est de principe général et absolu en matière de *Droit criminel* que pour être coupable d'un délit, il faut la réunion de ces deux circonstances : 1° avoir commis ou tenté de commettre, accompli ou tenté d'accomplir un acte ou un fait qui soit de nature à porter préjudice ou susceptible de nuire à autrui, soit dans sa personne, soit relativement à ses biens; 2° et une intention formelle, arrêtée et parfaitement comprise de commettre cet acte et de causer ce préjudice. Hors la réunion de ces deux circonstances, il n'y a point de délit punissable par la loi pénale : ainsi une personne qui détournerait au détriment du véritable propriétaire un objet quelconque sans intention de se l'approprier, ou qui frapperait quelqu'un, même d'un coup mortel, sans que sa volonté ni son imprudence y aient contribué, ne serait pas coupable de délit; de même celui qui n'aurait que le désir de commettre un vol ou de frapper quelqu'un jusqu'à n'importe quel degré, ne commettrait point de délit punissable tant que ce désir demeurerait à l'état d'intention, c'est-à-dire tant qu'il ne serait pas suivi tout au moins d'un commencement d'exécution. Le désir de commettre un mal ne relève donc que de la loi de la conscience; mais la loi pénale n'en demande pas compte. Ajoutons encore que les tentatives de délits ne sont punissables que dans certains cas expressément prévus par la loi, et que nous aurons le soin d'indiquer au fur et à mesure de nos énumérations.

Un autre élément constitutif du délit, c'est le discernement de l'agent, ou, en d'autres termes, l'intelligence de l'acte : ainsi un enfant qui soustrairait un objet quelconque avec l'intention de se l'approprier, un individu en état de démence qui porterait des coups graves par pure vengeance, ne commettraient point de délit, parce qu'il y aurait dans leurs actes défaut de discernement ou d'intelligence.

La question de discernement devient plus difficile à résoudre lorsqu'elle s'applique à un acte commis par un individu en état d'ivresse. Les lois romaines voient là une cause d'atténuation; les Codes de Prusse et de Bavière, tantôt une cause d'impunité, tantôt une atténuation seulement. La loi anglaise, au contraire, y trouve un cas d'aggravation. Quant à notre Code pénal, il garde le silence à cet égard, et c'est bien le parti le plus sage, eu égard à la difficulté d'établir une règle fixe en pareille matière : ainsi, dans le cas d'une ivresse accidentelle, mais complète au point d'enlever à l'individu l'intelligence de l'acte matériel qu'il commet, il nous semblerait injuste d'appliquer aucune peine, sauf cependant la réparation civile s'il y a lieu; au contraire, si l'ivresse n'est pas complète, si elle est préméditée, elle laisse la culpabilité entière; si, enfin, elle n'a fait qu'obscurcir l'intelligence sans l'éteindre, le juge peut déclarer les circonstances atténuantes.

D'après quelques auteurs, les actes commis en état de somnambulisme ne constituent ni culpabilité pénale, ni responsabilité civile ; suivant la jurisprudence de quelques tribunaux, au contraire, la personne qui diffame publiquement pendant le sommeil, demeure passible des peines de ce délit. Nous croyons, nous, qu'il faut distinguer entre le somnambulisme naturel et celui que l'on a provoqué : la faute commise dans le premier cas ne doit donner lieu à aucune peine; mais celle qui s'accomplirait en état de somnambulisme provoqué nous semble moins excusable, parce que l'agent a eu le tort de s'exposer volontairement au danger qui la lui a fait commettre.

Des différentes espèces de délits.

Quoique la loi reconnaisse un nombre considérable d'actes qu'elle qualifie de délits, il est à remarquer qu'elle les restreint à deux espèces principales : les délits contre *les personnes* et les délits contre *les biens*. Les crimes eux-mêmes, que le Code appelle quelquefois aussi délits, sont également renfermés dans cette subdivision : ainsi, la fabrication de la fausse monnaie, la contrefaçon des timbres ou des sceaux de l'Etat, le faux en écritures, la banqueroute, la forfaiture, etc., sont des délits contre les biens; les attentats à la liberté, ceux contre la sûreté de l'Etat, les complots tendant à troubler le repos public, etc., appartiennent à la catégorie des délits contre les personnes. Les délits contre les biens sont les plus fréquents et les plus nombreux, quoique ordinairement moins graves ; mais les uns et les autres sont assez généralement connus pour qu'il devienne inutile de les définir ici. Une simple énumération suffira pour apprendre au lecteur tout ce qu'il lui importe de connaître à cet égard.

Des délits contre les personnes.

Tout le monde sait de quelles peines sont punis le meurtre, l'assassinat, l'infanticide, et tous ces autres crimes contre la vie des gens. Mais ce que beaucoup ignorent, et que pourtant il est bon de bien comprendre, c'est que, d'après la jurisprudence de la Cour de cassation, tout individu qui tue son adversaire en duel est assimilé au meurtrier, et doit être poursuivi comme tel; par suite du même principe, les blessures faites dans pareille circonstance sont réputées volontaires, et donnent lieu, soit à la peine de réclusion, soit à celle de l'emprisonnement, selon que ces blessures ont occasionné une incapacité de travail pendant plus ou moins de vingt jours. A la vérité, le jury se montre presque toujours indulgent dans les affaires de ce genre ; mais d'ici à un temps plus ou moins prochain, il pourrait bien devenir sévère sur ce point comme il l'est sur d'autres, et le duelliste obstiné qui ne recule pas devant l'horreur du sang versé souvent pour un propos insignifiant, ne tardera peut-être pas à expier la peine de son forfait; de là la nécessité pour l'homme tant soit peu honnête de renoncer à l'usage barbare du duel.

L'homicide causé par maladresse ou imprudence est puni d'un emprisonnement de trois mois à deux ans et d'une amende de 50 à 600 fr.; et les blessures faites de la même manière, d'un emprisonnement de six jours à deux mois, et d'une amende de 16 à 100 fr.

Il est des cas où l'homicide, les blessures et les coups, quoique volontaires, ne constituent ni crime ni délit : c'est lorsqu'ils sont ordonnés par l'autorité légitime, ou commandés par la nécessité actuelle de la légitime défense de soi-même ou d'autrui. — Sont compris dans les cas de nécessité actuelle de défense, celui où l'homicide ou les coups ont eu lieu en repoussant pendant la nuit l'escalade ou l'effraction des clôtures, murs ou entrées d'une maison ou d'un appartement habité ou de leurs dépendances, et celui où ils ont eu lieu en se défendant contre les auteurs de vols ou de pillages exécutés avec violence.

Quelquefois l'homicide et les blessures volontaires sont seulement *excusables*, et alors au lieu d'entraîner des peines criminelles, ils ne sont punissables que de peines correctionnelles ; c'est ce qui arrive notamment lorsqu'ils ont été commis en repoussant, pendant le jour, l'escalade ou l'effraction des clôtures dont nous avons parlé au nombre précédent, ou qu'ils ont été commis par l'époux sur son épouse, ainsi que sur le complice, à l'instant où il les surprend en flagrant délit dans la maison conjugale.

Les menaces d'assassinat, d'empoisonnement ou de tout autre attentat grave contre les personnes, sont punis des travaux forcés à temps ou de l'emprisonnement et de l'amende; dans tous les cas, selon qu'elles aient eu lieu par écrit ou verbalement, avec ou sans condition.

Les autres crimes ou délits envers les personnes punis par le Code pénal, sont : les attentats aux mœurs, les arrestations illégales et séquestrations de personnes, les actes qui tendent à empêcher ou à détruire la preuve de l'état civil d'un enfant ou à compromettre son existence, les enlèvements de mineurs, le faux témoignage, la calomnie, les injures et les révélations de secrets.

Sont punis de la réclusion, les coupables d'enlèvement, de recélé ou de suppression d'enfant, de substitution d'un enfant à un autre, ou de supposition d'un enfant à une femme qui n'est réellement pas accouchée. La même peine a lieu contre ceux qui, étant chargés d'un enfant, ne le représentent point aux personnes qui ont le droit de le réclamer.

Toute personne qui, ayant assisté à un accouchement, n'aura pas fait la déclaration à elle prescrite par l'art. 56 du Code Napoléon, et dans les délais fixés par l'art. 55 ; et toute personne aussi qui, ayant trouvé un enfant nouveau-né, ne l'aura pas remis à l'officier de l'état civil, ainsi que nous l'avons dit au nombre 11, sera punie d'un emprisonnement de six jours à six mois, et d'une amende de 16 fr. à 300 fr.

Ceux qui auront porté à un hospice un enfant au-dessous de l'âge de sept ans accomplis, qui leur avait été confié afin qu'ils en prissent soin ou pour toute autre cause, seront punis d'un emprisonnement de six semaines à six mois, et d'une amende de 16 fr. à 50 fr.

Ceux qui auront exposé et délaissé en un lieu solitaire un enfant au-dessous de l'âge de sept ans accomplis, ceux qui auront donné l'ordre de l'exposer ainsi, si cet ordre a été exécuté, seront, pour ce seul fait, condamnés à un emprisonnement de six mois à deux ans, et à une amende de 16 fr. à 200 fr. Cette peine sera élevée de deux à cinq ans, et l'amende de 50 à 400 fr., contre les tuteurs ou tutrices, instituteurs ou institutrices de l'enfant exposé et délaissé par eux ou par leur ordre.

Si, par suite de l'exposition et du délaissement dont nous venons de parler, l'enfant est demeuré mutilé ou estropié, l'action sera considérée comme blessures volontaires à lui faites par la personne qui l'a exposé et délaissé ; et si la mort s'en est suivie, l'action sera considérée comme meurtre. Au premier cas, les coupables subiront la peine applicable aux blessures volontaires; et au second, celle du meurtre.

Ceux qui auront exposé et délaissé en un lieu non solitaire un enfant au-dessous de l'âge de sept ans accomplis, seront punis d'un emprisonnement de trois mois à un an et d'une amende de 16 à 100 fr. La peine serait de six mois à deux ans, et l'amende de 25 à 200 fr., si le délit avait été commis par les tuteurs ou tutrices, instituteurs ou institutrices de l'enfant.

Quiconque, par fraude ou par violence, enlève ou fait enlever des mineurs, ou les entraîne, détourne ou déplace des lieux où ils avaient été mis par ceux à l'autorité ou à la direction desquels ils étaient soumis ou confiés, encourt la peine de la réclusion ; si la personne ainsi enlevée ou détournée est une fille au-dessous de seize ans accomplis, la peine est celle des travaux forcés à temps. Quand la fille au-dessous de seize ans a consenti à son enlèvement ou suivi volontairement le ravisseur, si celui-ci est majeur de vingt-un ans, il doit être condamné aux travaux forcés à temps ; s'il n'a pas encore vingt-un ans, il est punissable d'un emprisonnement de deux à cinq ans ; toutefois, dans le cas où le ravisseur aurait épousé la fille qu'il a enlevée, il ne peut être poursuivi que sur la plainte des personnes qui ont le droit de demander la nullité du mariage, ni condamné qu'après que cette nullité aura été prononcée.

Le faux témoignage est puni, dans la plupart des cas, des travaux forcés à temps ; néanmoins, si l'accusé contre lequel il a eu lieu a été condamné à une peine plus forte, le faux témoin doit subir une semblable peine. Le coupable de subornation de témoins est passible des mêmes peines que le faux témoin. Celui à qui le serment a été déféré ou référé en matière civile, et qui l'a prêté à faux, est puni de la dégradation civique.

Les médecins, chirurgiens, officiers de santé, pharmaciens, sages-femmes, et toutes autres personnes dépositaires, par état ou profession, des secrets qu'on leur confie, et qui, hors le cas où la loi les oblige à se porter dénonciateurs, ont révélé ces secrets, sont punis d'un emprisonnement d'un à six mois et d'une amende de 100 fr. à 500 fr.

Quiconque aura fait par écrit une dénonciation calomnieuse contre un ou plusieurs individus aux officiers de justice ou de police administrative ou judiciaire, sera puni d'un emprisonnement d'un mois à un an, et d'une amende de 100 fr. à 3,000 fr.

La diffamation envers les particuliers est punie d'un emprisonnement de cinq jours à un an, et d'une amende de 25 fr. à 2,000 fr., ou de l'une de ces deux peines seulement, selon les circonstances.

Ceux qui, sans l'autorisation préalable de l'officier public, dans le cas où elle est prescrite, auront fait inhumer un individu, seront punis de six jours à deux mois d'emprisonnement, et d'une amende de 16 à 50 fr. La même peine a lieu contre ceux qui contreviennent, de quelque manière que ce soit, à la loi et aux règlements sur les inhumations prématurées.

Est punissable d'un emprisonnement de trois mois à un an, et de 16 fr. à 200 fr. d'amende, quiconque se rend coupable de violations de tombeaux ou de sépultures, sans préjudice des peines contre les crimes ou délits qui seraient joints à celui-ci.

Des délits contre les biens.

Ainsi que nous l'avons dit déjà, les délits contre les biens ou les propriétés sont nombreux par leurs variétés ; mais ils sont généralement moins graves que ceux contre les personnes. Dans une acception plus rigoureuse, il ne se commet guère, sauf le cas d'incendie, qu'un seul délit contre les biens, qu'on appelle du nom générique de *vol;* car tous les autres ne sont que des dérivés ou des modifications, tantôt aggravantes, tantôt atténuantes de celui-ci.

Afin de pouvoir mieux proportionner la peine avec la perversité du fait, le Code distingue cependant les banqueroutes, les escroqueries, les abus de confiance, les contraventions aux règlements sur les maisons de jeu, sur les loteries et les maisons de prêt sur gage ; les entraves apportées à la liberté des enchères, la violation des règlements relatifs aux manufactures, au commerce et aux arts ; les inexactitudes et infidélités des fournisseurs des armées de terre et de mer, la tromperie sur le poids, la quantité ou la qualité des marchandises ; enfin, les destructions, dégradations et dommages causés aux propriétés : cette dernière variété du délit peut n'être cependant, dans certains cas, qu'une simple contravention.

Quiconque soustrait frauduleusement une chose qui ne lui appartient pas, dit l'art. 379 du Code pénal, se rend coupable de vol. Toutefois, les soustractions commises par des maris au préjudice de leurs femmes, par des femmes au préjudice de leurs maris, par un veuf ou une veuve quant aux choses qui avaient appartenu à l'époux décédé, par des enfants ou autres descendants au préjudice de leurs pères ou mères ou autres ascendants, et réciproquement, ou par des alliés au même degré, ne peuvent donner lieu qu'à des réparations civiles : mais tous autres individus qui auront recélé ou appliqué à leur profit tout ou partie des objets volés, sont punis comme coupables de vol.

On décide assez généralement que celui qui retient frauduleusement une chose qu'il a trouvée et dont il connaît le propriétaire, doit être considéré comme voleur. La morale exige même qu'on cherche à découvrir le perdant, et à Paris on est peu indulgent envers celui qui n'a pas fait quelques démarches dans ce sens ou qui n'a pas déposé l'objet trouvé à la préfecture de police.

Le vol simple n'est puni que de peines correctionnelles : mais la peine devient plus grave à mesure que cet acte a été accompagné de circonstances plus aggravantes, ou qu'il dévoile plus d'audace et de perversité chez l'agent ; elle s'élève jusqu'aux travaux forcés à perpétuité quand le vol a été commis la nuit, par deux ou plusieurs personnes dont une ou plusieurs portaient des armes apparentes ou cachées, avec effraction ou escalade, et avec violence ou menace de la part des voleurs de faire usage de leurs armes. Le vol domestique est puni de la réclusion.

Quiconque a extorqué par force, violence ou contrainte la signature ou la remise d'un écrit, d'un acte, d'un titre, d'une pièce quelconque contenant ou opérant obligation, disposition ou décharge, est punissable des travaux forcés à temps.

Le saisi qui détruirait, détournerait ou tenterait de détourner des objets saisis sur lui et confiés à sa garde, serait passible d'un emprisonnement de deux mois à deux ans, et d'une amende qui ne pourrait excéder le quart des restitutions et des dommages-intérêts dus aux parties lésées, ni être moindre de 25 fr. La peine s'élèverait d'un an à cinq ans, et l'amende de 16 fr. à 500 fr. si la garde des objets détruits ou détournés par le saisi avait été confiée à un tiers.

Le recéleur des objets détournés, le conjoint, les ascendants et descendants du saisi qui l'auraient aidé dans la destruction ou le détournement de ces objets, seraient punissables d'une peine égale à celle par lui encourue.

Aux peines des travaux forcés, de la réclusion, de l'emprisonnement et de l'amende prononcées contre les voleurs, recéleurs ou complices, la loi ajoute impérativement, ou laisse au juge la faculté d'ajouter, selon les cas, celles de la surveillance de la haute police et de la privation de tout ou partie des droits civiques, civils et de famille, tels que ceux de vote, d'éligibilité, du port d'armes, d'être tuteur, expert ni employé comme témoin dans les actes, etc.

Une autre variété aggravante du vol, c'est l'*escroquerie*. La loi qualifie de ce nom tout acte par lequel une personne, soit en faisant usage de faux noms ou de fausses qualités, soit en employant des manœuvres frauduleuses pour persuader l'existence de fausses entreprises, d'un pouvoir ou d'un crédit imaginaire, ou pour faire naître l'espérance ou la crainte d'un succès, d'un accident ou de tout autre événement chimérique, se sera fait remettre ou délivrer des fonds, des meubles ou des obligations, dispositions, billets, promesses, quittances ou décharges, pour se les approprier.

Cette disposition mérite d'être prise en sérieuse considération, car faute d'y avoir assez réfléchi, et sans s'en douter, bien des gens tombent sous le coup de l'affreux délit en question. Ainsi il est bon de bien comprendre que tout individu qui, pour obtenir de quelqu'un des effets ou de l'argent, lui promet des choses qu'il sait ne pas pouvoir tenir, commet le délit d'escroquerie. Parmi les poursuivis pour ce délit, il en est qui mériteraient un meilleur sort; d'autres, au contraire, sont moins dignes d'indulgence, et au nombre de ceux-ci on peut ranger cette foule d'industriels dont l'unique occupation est de tromper la bonne foi de certaines personnes d'autant moins soupçonneuses ou méfiantes qu'elles sont elles-mêmes plus honnêtes. A titre de simple remarque, et pour prévenir la crédulité de trop de gens qui se laissent victimer, nous dirons en passant que tous ces prétendus devins ou diseurs de bonne aventure, et tous ces autres prometteurs de places, d'emplois et autres faveurs de divers genres, qu'il n'est pas en leur pouvoir d'accorder, sont de véritables escrocs s'ils exigent une rétribution pour leurs prétendus services.

La peine de l'escroquerie, de quelque manière que le délit se produise, est un emprisonnement d'un an au moins et cinq ans au plus, et une amende de 50 fr. au moins et de 3000 fr. au plus. La tentative est assimilée au délit même et punie d'une égale peine.

A la suite du délit dont nous venons de parler, le Code range celui d'*abus de confiance*.

Se rend coupable de ce dernier délit :

1° Celui qui, abusant d'un blanc-seing qui lui avait été confié, a frauduleusement écrit au-dessus une obligation ou décharge, ou tout autre acte pouvant compromettre la personne ou la fortune du signataire;

2° Celui qui abuse des besoins, des faiblesses ou des passions d'un mineur pour lui faire souscrire, à son préjudice, des obligations, quittances ou décharges, pour prêt d'argent ou de choses mobilières, ou d'effets de commerce, ou de tous autres effets obligatoires, sous quelque forme que cette négociation soit faite;

3° Celui qui détourne ou dissipe, au préjudice des propriétaires, possesseurs ou détenteurs, des effets, deniers, marchandises, billets, quittances, ou tous autres écrits contenant ou opérant obligation ou décharge, qui ne lui auraient été remis qu'à titre de louage, de dépôt, de mandat, ou pour un travail salarié ou non salarié, à la charge de les rendre ou représenter, ou d'en faire un usage ou un emploi déterminés.

Le premier de ces cas d'abus de confiance est puni des mêmes peines que l'escroquerie; et les deux autres, d'un emprisonnement de deux mois à deux ans, et d'une amende qui ne peut excéder le quart des restitutions et des dommages-intérêts dus aux parties lésées, ni être moindre de 25 fr.

Si l'abus de confiance prévu au n° 3 est commis par un domestique, homme de service à gages, élève, clerc, commis, ouvrier, compagnon ou apprenti, au préjudice de son maître, la peine est celle de la réclusion.

Ainsi, l'employé d'une maison de commerce qui détourne des valeurs au préjudice de son patron, le commis-voyageur qui ne rend pas compte à son commettant des marchandises qui lui ont été confiées, soit pour les remettre à une destination indiquée, soit pour en opérer la vente ou le placement, ou qui en dissipe la valeur en tout ou en partie, se rendent coupables du délit d'abus de confiance ou de mandat, et par suite, deviennent punissables de la réclusion, ainsi que de la surveillance à vie de la haute police, qui en est la conséquence rigoureuse. Le législateur s'est montré plus sévère envers les personnes employées par celui qu'elles trompent, parce que la confiance dont ils abusent était nécessaire, plus étendue, et commandait, par conséquent, plus d'exactitude et de fidélité.

A la différence de ce qui a lieu pour la constatation des autres délits, la jurisprudence de la Cour de cassation décide que, dans tous les cas où la loi civile n'admet pas la preuve testimoniale, on ne peut point être admis à prouver par cette voie un prétendu abus de confiance, et cela, par respect pour le principe qui veut qu'il soit passé acte écrit de toute somme ou valeur excédant 150 fr.

Ceux qui, dans les adjudications de la propriété, de l'usufruit ou de la location des choses mobilières ou immobilières, d'une entreprise, d'une fourniture, d'une exploitation ou d'un service quelconque, ont entravé ou troublé la liberté des enchères ou des soumissions, par voies de fait, violences ou menaces, soit avant, soit pendant les enchères ou les soumissions, demeurent passibles d'un emprisonnement de quinze jours au moins, de trois mois au plus, et d'une amende de 100 fr. à 5,000 fr. La même peine est applicable contre ceux qui, par dons ou promesses, ont écarté les enchérisseurs.

Sera punie d'un emprisonnement de six jours à trois mois, et d'une amende de 16 fr. à 3,000 fr. :

1° Toute coalition entre ceux qui font travailler des ouvriers, tendant à forcer l'abaissement des salaires, s'il y a tentative ou commencement d'exécution;

2° Toute coalition de la part des ouvriers pour faire cesser en même temps de travailler, interdire le travail dans un atelier, empêcher de s'y rendre avant ou après certaines heures, et, en général, pour suspendre, empêcher, enchérir les travaux, s'il y a eu tentative ou commencement d'exécution.

Ceux qui, par des faits faux ou calomnieux semés à dessein dans le public, par des suroffres faites au prix que demandaient les vendeurs eux-mêmes, par réunion, ou coalition entre les principaux détenteurs d'une même marchandise ou denrée, tendant à ne la pas vendre ou à ne la vendre qu'à un certain prix, ou qui, par des voies ou moyens frauduleux quelconques, auront opéré la hausse ou la baisse du prix des denrées ou marchandises, ou des papiers et effets publics au-dessus ou au-dessous des prix qu'aurait déterminés la concurrence naturelle et libre du commerce, seront punis d'un emprisonnement d'un mois à un an, et d'une amende de 500 fr. à 10,000 fr.

Quiconque a, en tout ou en partie, comblé des fossés, détruit des clôtures, de quelques matériaux qu'elles soient faites, coupé ou arraché des haies vives ou sèches ; quiconque a déplacé ou supprimé des bornes, ou pieds corniers, ou autres arbres plantés ou reconnus pour établir les limites entre différents héritages, est puni d'un emprisonnement d'un mois à un an, et d'une amende égale au quart des restitutions et dommages-intérêts, mais qui, dans aucun cas, ne peut être au-dessous de 50 fr.

Les complices des délits dont nous avons parlé dans cette section sont généralement passibles des mêmes peines que les auteurs de ces délits.

Sont complices : ceux qui, par dons, promesses, menaces, abus d'autorité ou de pouvoir, machinations ou artifices coupables, ont provoqué au délit ou donné des instructions pour le commettre; ceux qui ont procuré des armes, instruments, ou tout autre moyen qui a servi à l'action, sachant qu'ils devaient y servir ; ceux qui ont, avec connaissance de cause, aidé ou assisté l'auteur ou les auteurs de l'action, dans les faits qui l'ont préparée ou facilitée, ou dans ceux qui l'ont consommée.

DES CONTRAVENTIONS.

Les peines en matière de contraventions sont l'emprisonnement d'un à cinq jours, l'amende de 1 à 15 fr., et la confiscation des objets qui ont servi à la contravention.

Sont, en général, considérées comme de simples contraventions, toutes les négligences, imprudences ou inobservations des règlements, qui n'ont causé aucun préjudice à autrui ou n'ont causé qu'un préjudice minime : les faits volontaires illicites sont aussi considérés comme des contraventions quand ils ne sont accompagnés d'aucune circonstance aggravante qui soit de nature à alarmer la tranquillité publique.

Les contraventions sont divisées en trois classes, suivant leur degré de gravité. Celles de première classe sont passibles d'une amende de 1 à 5 fr.; celles de deuxième classe, d'une amende de 6 à 10 fr.; et celles de troisième classe, d'une amende de 11 à 15 fr. L'emprisonnement peut aussi, dans certains cas, être prononcé.

Sont des contraventions de première classe :

1° La négligence d'entretenir, réparer ou nettoyer les fours, cheminées ou usines où l'on fait usage du feu;

2° La violation de la défense de tirer, en certains lieux, des pièces d'artifice;

3° La négligence d'éclairer, nettoyer les rues ou passages dans le cas où l'on y est obligé;

4° L'encombrement de la voie publique, par le dépôt sans nécessité des matériaux ou des choses quelconques qui empêchent ordinairement la liberté ou la sûreté du passage,. et l'infraction aux règlements qui commandent d'éclairer les matériaux entreposés ou les excavations faites dans les rues et places publiques ;

5° La négligence ou le refus d'exécuter les règlements ou arrêtés concernant la petite voirie, ou d'obéir à la sommation émanée de l'autorité administrative de réparer ou démolir les édifices menaçant ruine;

6° Le jet ou l'exposition devant les maisons des choses de nature à nuire par leur chute ou par des exhalaisons insalubres ;

7° L'abandon dans les rues, chemins, places, lieux publics ou dans les champs, des coutres de charrue, pinces, barres, barreaux, ou autres machines, ou instruments, ou armes dont puissent abuser les voleurs ou autres malfaiteurs;

8° La négligence d'écheniller, dans les campagnes ou jardins où ce soin est prescrit par la loi ou les règlements;

9° L'enlèvement, pour être mangés sur place, des fruits appartenant à autrui;

10° Le glanage, ratelage ou grapillage dans les champs non encore entièrement dépouillés et vidés de leurs récoltes, ou avant le lever, ou après le coucher du soleil;

11° Les injures non publiques contre les particuliers;

12° Le jet par imprudence d'immondices sur quelque personne;

13° Le passage sur le terrain d'autrui préparé ou ensemencé;

14° Le passage des bestiaux sur le terrain d'autrui avant l'enlèvement de la récolte;

15° L'infraction aux règlements faits par l'autorité administrative et la désobéissance aux arrêtés de l'autorité municipale.

Sont des contraventions de deuxième classe:

1° Les infractions aux bans de vendanges ou autres bans autorisés par les règlements;

2° L'omission par les aubergistes, hôtelliers, logeurs ou loueurs de maisons garnies, d'inscrire de suite et sans aucun blanc, sur un registre tenu régulièrement, les noms, qualités, domicile habituel, dates d'entrée et de sortie de toute personne qui aurait couché ou passé une nuit dans leurs maisons; le défaut de représentation de ce registre aux époques déterminées par les règlements, ou lorsqu'ils en auraient été requis, aux maires, adjoints, officiers ou commissaires de police, ou aux citoyens commis à cet effet;

3° L'infraction par les rouliers, charretiers, conducteurs de voitures quelconques ou de bêtes de charge, aux règlements par lesquels ils sont obligés de se tenir constamment à portée de leurs chevaux, bêtes de trait ou de charge et de leurs voitures, et en état de les guider et conduire; d'occuper un seul côté des rues, chemins ou voies publiques; de se détourner ou ranger devant toutes autres voitures, et, à leur approche, de leur laisser libre au moins la moitié des rues, chaussées, routes et chemins;

4° L'infraction à la défense de laisser courir les chevaux, bêtes de trait, de charge ou de monture, dans l'intérieur d'un lieu habité, ou la violation des règlements contre le chargement, la rapidité ou la mauvaise direction des voitures; l'infraction aux ordonnances et règlements ayant pour objet : la solidité des voitures publiques, leur poids, le mode de leur chargement, le nombre et la sûreté des voyageurs, l'indication, dans l'intérieur des voitures, des places qu'elles contiennent et du prix des places, et l'indication, à l'extérieur, du nom du propriétaire;

5° L'établissement dans les rues, chemins, places ou lieux publics, des jeux de loterie ou d'autres jeux de hasard;

6° La vente ou débit de boissons falsifiées;

7° La négligence à empêcher les fous ou les furieux, ou des animaux malfaisants ou féroces, de divaguer dans les rues, alors qu'on est chargé de leur garde; le défaut par le maître de retenir ses chiens lorsqu'ils attaquent les passants, quand même il n'en serait résulté aucun mal ni dommage;

8° Le jet des pierres ou d'autres corps durs, ou des immondices contre les maisons, édifices ou clôtures d'autrui, ou dans les jardins ou enclos, et le jet des mêmes objets sur quelqu'un;

9° Le passage ou l'entrée sans droit ni qualité sur le terrain d'autrui dans le temps où ce terrain était chargé de grains en tuyau, de raisins ou autres fruits mûrs ou voisins de la maturité;

10° Le passage des bestiaux, animaux de trait, de charge ou de monture, sur le terrain d'autrui, ensemencé ou chargé d'une récolte, en quelque saison que ce soit, ou dans un bois taillis appartenant à autrui;

11° Le refus de recevoir les espèces et monnaies nationales, non fausses ni altérées, selon la valeur pour laquelle elles ont cours;

12° Le refus ou la négligence de faire les travaux, le service, ou de prêter le secours dont on est requis, quand on le peut, dans les circonstances d'accidents, tumultes, naufrage, inondations, incendie ou autres calamités, ainsi que dans les cas de brigandages, pillages, flagrant délit, clameur publique ou d'exécution judiciaire;

13° L'infraction par les crieurs publics, afficheurs, vendeurs ou distributeurs d'écrits à certains règlements particuliers;

14° La soustraction, sans aucune des circonstances prévues en l'art. 388 du Code pénal, des récoltes ou autres productions utiles de la terre, qui, avant d'être soustraites, n'étaient pas détachées du sol.

Sont des contraventions de troisième classe :

1° Le dommage causé volontairement, hors les cas prévus depuis l'art. 434 jusques et compris l'art. 462 du Code pénal, aux propriétés mobilières d'autrui:

2° Les blessures faites ou la mort occasionnée aux animaux ou bestiaux appartenant à autrui, par l'effet de la divagation des fous ou furieux, ou d'animaux malfaisants ou féroces dont on a la garde, ou par la rapidité, ou la mauvaise direction, ou le chargement excessif des voitures, chevaux, bêtes de trait, de charge ou de monture;

3° Les mêmes dommages occasionnés par l'emploi ou l'usage d'armes sans précaution ou avec maladresse, ou par jet de pierres ou d'autres corps durs;

4° Les mêmes accidents causés par la vétusté, la dégradation, le défaut de réparation ou d'entretien des maisons ou édifices, ou par l'encombrement ou l'excavation, ou telles autres œuvres, dans ou près les rues, chemins, places ou voies publiques, sans les précautions ou signaux ordonnés ou d'usage;

5° L'emploi des poids ou des mesures autres que ceux

établis ou reconnus par les lois en vigueur; la vente du pain ou de la viande au-dessus du prix fixé par la taxe légalement faite et publiée;

6° La devination, pronostication, ou explication des songes, sans rétribution;

7° Le bruit ou tapage injurieux ou nocturne, troublant la tranquillité des habitants;

8° L'enlèvement ou déchirement des affiches apposées par ordre de l'administration;

9° La garde ou conduite sur le terrain d'autrui des bestiaux de quelque nature qu'ils soient, et notamment dans les prairies artificielles, dans les vignes, oseraies, dans les plants de câpriers, dans ceux d'oliviers, de mûriers, de grenadiers, d'orangers, ou autres arbres du même genre, et dans tous les plants ou pépinières d'arbres fruitiers ou autres, faits de main d'homme;

10° La détérioration ou dégradation, de quelque manière que ce soit, des chemins publics, ou usurpation sur leur largeur;

11° L'enlèvement sans autorisation, sur les mêmes chemins ou autres terrains appartenant aux communes, des gazons, terres ou pierres, à moins qu'il n'existe un usage général qui l'autorise.

A la différence du délit, la peine pour la contravention est encourue par l'existence du fait matériel seul, c'est-à-dire en l'absence même de toute intention mauvaise de la part du prévenu : ainsi une négligence, ou une imprudence, ou une inobservation d'un règlement constituent la contravention, et l'auteur de cet acte ne saurait en être excusé ni absous sous le prétexte qu'il était de bonne foi, ou qu'il ignorait la loi ou le règlement dont il a enfreint les dispositions. Telle est du moins l'opinion des auteurs et la jurisprudence de la Cour de cassation; ce qui d'ailleurs nous paraît conforme aux vrais principes.

MOTIFS, EXPLICATIONS

ET COMMENTAIRES

Relatifs à la nouvelle loi

SUR

LES SOCIÉTÉS EN COMMANDITE.

DÉCRET IMPÉRIAL.

Loi nouvelle du 17-23 *juillet* 1856, *sur les sociétés en commandite par actions.*

Art. 1er. Les sociétés en commandite ne peuvent diviser leur capital en actions ou coupons d'actions de moins de cent francs, lorsque ce capital n'excède pas deux cent mille francs, et de moins de cinq cents francs lorsqu'il est supérieur.

Elles ne peuvent être définitivement constituées qu'après la souscription de la totalité du capital social, et le versement par chaque actionnaire du quart au moins du montant des actions par lui souscrites.

Cette souscription et ces versements sont constatés par une déclaration du gérant dans un acte notarié;

A cette déclaration sont annexés la liste des souscripteurs, l'état des versements faits par eux, et l'acte de société.

2. Les actions des sociétés en commandite sont nominatives jusqu'à leur entière libération.

3. Les souscripteurs d'actions dans les sociétés en commandite sont, nonobstant toute stipulation contraire, res-

ponsables du payement du montant total des actions par eux souscrites.

Les actions ou coupons d'actions ne sont négociables qu'après le versement des deux cinquièmes.

4. Lorsqu'un associé fait, dans une société en commandite par actions, un apport qui ne consiste pas en numéraire, ou stipule à son profit des avantages particuliers, l'assemblée générale des actionnaires en fait vérifier et apprécier la valeur.

La société n'est définitivement constituée qu'après approbation dans une réunion ultérieure de l'assemblée générale.

Les délibérations sont prises par la majorité des actionnaires présents. Cette majorité doit comprendre le quart des actionnaires et représenter le quart du capital social en numéraire.

Les associés qui ont fait l'apport ou stipulé les avantages soumis à l'appréciation de l'assemblée, n'ont pas voix délibérative.

5. Un conseil de surveillance, composé de cinq actionnaires au moins, est établi dans chaque société en commandite par actions.

Ce conseil est nommé par l'assemblée générale des actionnaires immédiatement après la constitution définitive de la société, et avant toute opération sociale.

Il est soumis à la réélection tous les cinq ans au moins : toutefois, le premier conseil n'est nommé que pour une année.

6. Est nulle et de nul effet, à l'égard des intéressés, toute société en commandite par actions constituée contrairement à l'une des prescriptions énoncées dans les articles qui précèdent.

Cette nullité ne peut être opposée aux tiers par les associés.

7. Lorsque la société est annulée aux termes de l'article précédent, les membres du conseil de surveillance peuvent

être déclarés responsables, solidairement et par corps avec les gérants, de toutes les opérations faites postérieurement à leur nomination.

La même responsabilité solidaire peut être prononcée contre ceux des fondateurs de la société qui ont fait un apport en nature, ou au profit desquels ont été stipulés des avantages particuliers.

8. Les membres du conseil de surveillance vérifient les livres, la caisse, le portefeuille et les valeurs de la société.

Ils font, chaque année, un rapport à l'assemblée générale sur les inventaires et sur les propositions de distribution de dividendes faites par le gérant.

9. Le conseil de surveillance peut convoquer l'assemblée générale. Il peut aussi provoquer la dissolution de la société.

10. Tout membre d'un conseil de surveillance est responsable, avec les gérants, solidairement et par corps :

1° Lorsque, sciemment, il a laissé commettre dans les inventaires des inexactitudes graves, préjudiciables à la société ou aux tiers.

2° Lorsqu'il a, en connaissance de cause, consenti à la distribution de dividendes non justifiés par des inventaires sincères et réguliers.

11. L'émission d'actions ou de coupons d'actions d'une société constituée contrairement aux articles 1 et 2 de la présente loi, est punie d'un emprisonnement de huit jours à six mois, et d'une amende de cinq cents francs à dix mille francs, ou de l'une de ces peines seulement.

Est puni des mêmes peines le gérant qui commence les opérations sociales avant l'entrée en fonctions du conseil de surveillance.

12. La négociation d'actions ou de coupons d'actions dont la valeur ou la forme serait contraire aux dispositions des articles 1 et 2 de la présente loi, ou pour lesquels le versement des deux cinquièmes n'aurait pas été effectué conformément à l'article 3, est punie d'une amende de cinq cents francs à dix mille francs.

Sont punies de la même peine toute participation à ces négociations et toute publication de la valeur desdites actions.

13. Sont punis des peines portées par l'article 405 du Code pénal, sans préjudice de l'application de cet article à tous les faits constitutifs du délit d'escroquerie :

1° Ceux qui par simulation de souscriptions ou de versements, ou par la publication faite de mauvaise foi de souscriptions ou de versements qui n'existent pas, ou de tous autres faits faux, ont obtenu ou tenté d'obtenir des souscriptions ou des versements.

2° Ceux qui, pour provoquer des souscriptions ou des versements, ont, de mauvaise foi, publié les noms de personnes désignée contrairement à la vérité, comme étant ou devant être attachées à la société à un titre quelconque.

3° Les gérants, qui, en l'absence d'inventaires ou au moyen d'inventaires frauduleux, ont opéré entre les actionnaires la répartition de dividentes ont réellement acquis à la société.

L'article 463 du Code pénal est applicable aux faits prévus par le présent article.

14. Lorsque les actionnaires d'une société en commandite par actions ont à soutenir collectivement et dans un intérêt commun, comme demandeurs ou comme défendeurs, un procès contre les gérants ou contre les membres du conseil de surveillance, ils sont représentés par des commissaires nommés en assemblée générale.

Lorsque quelques actionnaires seulement sont engagés comme demandeurs ou comme défendeurs dans la contestation, les commissaires sont nommés dans une assemblée spéciale composée des actionnaires parties au procès.

Dans le cas où un obstacle quelconque empêcherait la nomination des commissaires par l'assemblée générale ou par l'assemblée spéciale, il y sera pourvu par le tribunal de commerce, sur la requête de la partie la plus diligente.

Nonobstant la nomination des commissaires, chaque actionnaire a le droit d'intervenir personnellement dans l'instance, à la charge de supporter les frais de son intervention.

15. Les sociétés en commandite par actions actuellement existantes, *et qui n'ont pas de conseil de surveillance*, sont tenues, dans le délai de six mois à partir de la promulgation de la présente loi, de constituer un conseil de surveillance.

Ce conseil est nommé conformément aux dispositions de l'article 5.

Les conseils déjà existants et ceux qui sont nommés en exécution du présent article, exercent les droits et remplissent les obligations déterminées par les articles 8 et 9; ils sont soumis à la responsabilité prévue par l'article 10.

A défaut de constitution du conseil de surveillance dans le délai ci-dessus fixé, chaque actionnaire a le droit de faire prononcer la dissolution de la société. Néanmoins, un nouveau délai peut être accordé par les tribunaux, à raison des circonstances.

L'article 14 est également applicable aux sociétés actuellement existantes.

CONSIDÉRATIONS GÉNÉRALES SUR L'UTILITÉ DE CETTE LOI.

Cette nouvelle et importante loi du 23 juillet 1856, sur les sociétés en commandite, a donné lieu à de sérieux et longs débats au sein du Corps législatif, auxquels ont pris part nos plus savants jurisconsultes, tels que M. Baroche, président du Conseil d'Etat, MM. Duvergier, conseiller d'Etat, Langlet de la Sarthe, député; le comte de Chasseloup Laubat, Dalloz, député, etc., etc.

La société en commandite offre une des plus ingénieuses et des plus utiles applications du principe d'association.

Elle réunit la plupart des avantages de la société anonyme, presque tous ceux de la société en nom collectif;

Elle engage les capitaux des commanditaires, sans compromettre leur personne; en cela elle participe de la société anonyme ; d'un autre côté, le pouvoir qui la dirige est centralisé comme dans la société en nom collectif; il a par conséquent la force et la liberté d'action si essentielle au succès des opérations industrielles et commerciales.

La division du capital social en actions au porteur a beaucoup contribué à rendre les sociétés en commandite populaires. Des titres qui peuvent être négociés sans frais, sans lenteurs, sans formalités, sans responsabilité, ont un attrait tout particulier, et par cela même un surcroît réel de valeur.

Ces différentes causes ont donné à l'établissement des sociétés en commandite par actions une impulsion dont il n'y aurait qu'à se féliciter, si elle avait toujours été accompagnée de prudence, de modération et de loyauté.

Malheureusement, les actionnaires se sont laissé séduire par les plus folles espérances, et sont tombés dans les plus extravagantes exagérations. *La mauvaise foi* a compris tout ce qu'elle pouvait tirer de cette disposition des esprits; elle a, par les *assertions mensongères des prospectus*, fait croire à des bénéfices impossibles; elle a paru donner des garanties de crédit et de moralité en se plaçant sous le patronage nominal de personnes honorables; elle a, en exagérant la valeur de l'apport social, absorbé en grande partie dans l'intérêt des fondateurs les capitaux fournis par les commanditaires; elle a trouvé dans le mécanisme même de la commandite, dans la forme des actions, des moyens de réaliser des *avantages illicites*, entièrement indépendants du succès des opérations sociales.

Mais lorsque l'ordre étant rétabli dans le pays et la sécurité rendue aux esprits, l'activité industrielle a pu reprendre son élan; lorsque le crédit public, s'appuyant sur les sympathies populaires, s'est montré sous des formes et avec une puissance jusqu'alors inconnues; lorsqu'une paix glorieuse est venue inspirer partout la confiance qui fait naître et réussir les grandes entreprises; lorsqu'en un mot la prospérité générale s'est manifestée par le nombre et l'importance des transactions, on a pu constater que les affaires équivoques, les spéculations frauduleuses reprenaient aussi une funeste activité. Les annonces de sociétés en commandite par actions ont de nouveau paru, exposant les plus étranges projets, demandant des capitaux considérables, promettant des bénéfices immenses, employant tous les moyens de séduction déjà connus, et en imaginant d'autres au besoin.

Le gouvernement, ému à la vue de ces désordres, a résolu d'y mettre un terme et d'en prévenir le retour. Il ne saurait tolérer que des intérêts nombreux restent exposés sans protection aux *entreprises de la fraude;* il désire surtout, répondant au vœu de la conscience publique, prévenir par de sages précautions, et même atteindre par de justes châtiments des faits qui échappent à l'application des lois existantes, mais qui blessent ouvertement les règles de la morale.

Décret Impérial.

Loi du 17-23 *juillet* 1856, *relative à l'arbitrage forcé.*

Art. 1er. Les articles 51 et 63 du Code de commerce sont abrogés.

2. L'article 631 du même code est modifié ainsi qu'il suit :

631. Les tribunaux de commerce connaîtront : 1° des contestations relatives aux engagements et transactions entre négociants, marchands et banquiers; 2° des contestations entre associés, pour raison d'une société de commandite; 3° de celles relatives aux actes de commerce entre toutes les personnes.

NOUVELLE LOI

Sur les ventes publiques, volontaires, de fruits et de récoltes pendants par racines et des coupes de bois taillis.

Art. 1er. — Les ventes publiques, volontaires, soit à terme, soit comptant, de fruits et de récoltes pendants par racines, et des coupes de bois taillis, seront faites en concurrence et au choix des parties, par les notaires, commissaires-priseurs, huissiers et greffiers de justice de paix, même dans les lieux de la résidence des commissaires-priseurs.

Art. 2. — Pour l'exécution de la présente loi, et dans le mois de sa promulgation, il sera fait un tarif spécial, dans la forme des règlements d'administration publique.

Art 3. — Toutes les dispositions contraires à la présente loi sont et demeurent abrogées. (*Loi du* 5 *juin* 1851.)

NOUVELLE LOI.

Sur les Conseils des Prud'hommes.

Art. 1er. — Dans les contestations entre les patrons et ouvriers devant les conseils de prud'hommes, les actes de procédure ainsi que les jugements et les actes nécessaires à leur exécution seront rédigés sur papier visé pour timbre, conformément à l'article 70 de la loi du 22 frimaire an VII.

L'enregistrement aura lieu en débet.

Art. 2. — Les dispositions de l'article 1er sont applicables aux causes du ressort du conseil des prud'hommes portées en appel ou devant la Cour de cassation.

Art. 3. — Le visa pour timbre sera donné sur l'original au moment de son enregistrement.

Art. 4. — La partie qui succombera sera condamnée aux dépens envers le trésor; le recouvrement aura lieu suivant les règles ordinaires contre les parties condamnées (*Lois des* 14 *juin*, 2 *juillet et* 2 *août* 1850.)

LOIS NOUVELLES,

RENSEIGNEMENTS UTILES.

DES DROITS POLITIQUES.

Les *Droits politiques* sont ceux en vertu desquels les citoyens participent à la puissance publique : ainsi, le droit de voter dans les assemblées électorales à l'effet de nommer les députés, les membres des conseils généraux, municipaux et d'arrondissement; le droit d'éligibilité, celui d'être promu à des fonctions publiques quelconques, d'être juré, etc., sont des *Droits politiques*.

Pour pouvoir exercer ces droits, il faut être *citoyen français*, qualité qui n'appartient ni aux mineurs, ni aux femmes, ni aux interdits, ni aux faillis, ni aux condamnés pour crimes ou pour délits présentant une certaine gravité, et qui sont tous énumérés dans l'art. 15 du décret du 2 février 1852.

Les étrangers nationalisés, quoique devenus ainsi Français, sont par cela même aptes à exercer tous les droits politiques, sauf cependant celui de siéger au Corps législatif; ils ne peuvent acquérir ce droit que par des lettres de *grande naturalisation*, c'est-à-dire par une décision votée dans la même forme que les lois ordinaires.

DES CONTRIBUTIONS.

On nomme *contribution* ou *impôt* la somme que chaque propriétaire, chef de famille ou autre citoyen paie à l'Etat pour subvenir aux dépenses publiques.

Il y a deux sortes principales de contributions : les unes sont nommées *directes*, et comprennent l'impôt personnel et mobilier, l'impôt foncier, l'impôt des portes et fenêtres, les patentes et la redevance des mines; les autres, appelées *indirectes*, portent sur les boissons, les tabacs, les poudres, l'enregistrement, le timbre, etc.

De l'impôt foncier.

Toute propriété particulière est soumise à un impôt foncier qui se paie annuellement, par douzième et en argent, dans les mains d'un comptable public qu'on nomme *percepteur*.

Cet impôt est dû par le propriétaire si c'est lui qui jouit et exploite; par l'usufruitier, par le fermier ou le locataire, si ce sont eux qui perçoivent les fruits ou revenus.

De la contribution personnelle et mobilière.

La contribution personnelle et mobilière est due par chaque habitant Français et par chaque étranger de tout sexe, jouissant de ses droits et non réputé indigent. — Sont considérés comme jouissant de leurs droits : les veuves et les femmes séparées de leurs maris, les garçons et filles majeurs ou mineurs ayant des moyens suffisants d'existence, soit par leur fortune personnelle, soit par la profession qu'ils exercent, lors même qu'ils habitent avec leur père, mère, tuteur ou curateur.

La taxe personnelle ne se paie que dans la commune du domicile réel; mais la contribution mobilière est due pour toute habitation meublée que le contribuable possède n'importe dans quelle localité.

Lorsque, par suite de changement de domicile, un contribuable se trouve imposé dans deux communes, quoique n'ayant qu'une seule habitation, il ne doit la contribution que dans la commune de sa nouvelle résidence.

La contribution personnelle et mobilière étant établie pour l'année entière, si un contribuable vient à décéder dans le courant de l'année, ses héritiers sont tenus de payer le montant de sa cote.

De la contribution des portes et fenêtres.

La contribution des portes et fenêtres est établie par voie de répartition, et porte sur les ouvertures donnant sur les rues, cours ou jardins des usines et des bâtiments servant à l'habitation : les portes et fenètres éclairant les granges, étables, bergeries et autres locaux d'exploitation en sont par conséquent exempts.

Lorsque le même bâtiment est occupé par le propriétaire et un ou plusieurs locataires, la contribution des portes et fenêtres est due par chacun suivant le nombre d'ouvertures à son usage particulier; celle des portes et fenêtres d'un usage commun doit être acquittée par le propriétaire seul.

De la contribution des patentes.

La patente est un impôt auquel est soumis tout individu Français ou étranger, qui exerce en France un commerce, une industrie ou une profession libre, pourvu cependant que ce commerce et cette industrie aient une certaine importance.

La contribution des patentes se compose d'un droit fixe et d'un droit proportionnel. Le droit fixe est établi eu égard à la population de la localité que le patentable habite, et aussi à la profession. Le droit proportionnel est fixé au vingtième de la valeur locative, et se paie lors même que les logements ou locaux occupés seraient concédés à titre gratuit.

Le patentable qui ouvre plusieurs établissements, boutiques ou magasins, paie un droit fixe pour l'établissement donnant lieu au droit le plus élevé, soit en raison de la population, soit en raison du commerce, de l'industrie ou de la profession; et, en outre, un demi-droit fixe supplémentaire pour chacun des autres établissements, boutiques ou magasins dans chaque localité où il exerce, sans que cependant la réunion de ces divers demi-droits puisse dépasser le double du droit fixe principal.

En cas de fermeture des magasins, boutiques ou ateliers, par suite de décès ou de faillite déclarée, les droits ne sont dus que pour le passé et le mois courant. Sur la réclamation des parties intéressées, il est accordé décharge du surplus.

Ceux qui entreprennent une profession sujette à patente après le mois de janvier, ne doivent la contribution qu'à partir du 1er du mois dans lequel ils ont commencé d'exercer, à moins que, par sa nature, la profession ne puisse pas être exercée pendant toute l'année. Dans ce cas, la contribution est due pour l'année entière, quelle que soit l'époque à laquelle la profession aura été entreprise.

La contribution des patentes est payable par douzième, et le recouvrement en est poursuivi comme celui des contributions directes, par les percepteurs.

En cas de déménagement hors du ressort de la perception, comme en cas de vente volontaire ou forcée, la contribution des patentes, de même que la cote personnelle et mobilière, est immédiatement exigible pour la totalité de l'année courante.

Les propriétaires, et, à leur place, les principaux locataires doivent, un mois avant l'expiration du terme fixé par le bail ou par les conventions verbales, donner avis au percepteur du déménagement de leurs locataires sous peine de répondre personnellement du dernier douzième échu et du douzième courant des contributions énoncées au nombre précédent.

Dans le cas de déménagement furtif, les propriétaires, et, à leur place, les principaux locataires, doivent, sous la même peine et dans les trois jours au plus tard, faire constater ce déménagement par le maire, le juge de paix, ou le commissaire de police, et en donner avis au percepteur.

INONDATION.

Lorsque, par la stérilité de l'année, la grêle, la gelée ou *l'inondation,* les récoltes, maisons et bâtiments d'un contribuable ou d'une commune ont été détruits en totalité ou en grande partie, le contribuable ou la commune en donne avis au sous-préfet, qui en fait faire la vérification et dresser un procès-verbal qu'on remet au préfet pour servir à la confection d'un état général des pertes, destiné à obtenir, pour le département, des remises, modération d'impôts et secours, dont la répartition est ensuite faite entre les particuliers ou les communes qui ont éprouvé les pertes.

Des réclamations.

Tout contribuable qui se croit surtaxé ou mal à propos imposé, peut adresser au préfet, directement ou par l'intermédiaire du maire ou du sous-préfet, une demande en décharge ou en réduction.

Cette demande doit être formée dans les trois mois de l'émission des rôles, au plus tard, et être accompagnée de la quittance des termes échus de la cotisation.

Lorsque, par des événements extraordinaires, tels qu'une grêle, une inondation, une épizootie, ou la mort d'animaux domestiques, un contribuable aura éprouvé des pertes considérables, il poura obtenir la diminution ou la remise de ses contributions.

DEMANDE EN RÉDUCTION DE CONTRIBUTION MOBILIÈRE.

Monsieur le Préfet du département d...

MONSIEUR LE PRÉFET,

Le sieur O... a l'honneur de vous exposer qu'il a été taxé à la somme de... pour sa contribution mobilière de l'an... ; que la maison qui a servi de base pour cet impôt a sans doute été évaluée à un revenu beaucoup plus considérable que celui qu'elle produit réellement.

Pourquoi il vous demande que, d'après une nouvelle évaluation, il lui soit accordé une réduction qui rétablisse sa taxe de contribution mobilière au taux qu'elle doit être.

Il attend cette faveur de votre équité, et vous salue respectueusement.

(*Dater et signer.*)

POUR DEMANDE EN RÉDUCTION D'IMPOT PERSONNEL.

A Monsieur le Préfet.

Le sieur O... a l'honneur de vous exposer qu'il a été imposé au rôle de la contribution personnelle de l'an... à la somme de...; que son loyer n'est que de la somme de... et qu'il ne peut être évalué davantage, et, par conséquent, que sa taxe n'eût pas dû être portée à...; pourquoi il vous demande une réduction, et l'attend de votre justice.

(*Dater et signer.*)

DEMANDE DE SECOURS POUR CAUSE D'INONDATION, D'INCENDIE, ETC.

A Monsieur le Préfet du département d'

MONSIEUR LE PRÉFET,

Le sieur (nom, prénoms et profession), demeurant à la commune de... a l'honneur de vous exposer que le (date) du mois d , il a été victime (désigner l'accident et toutes les pertes qu'il a occasionnées), ce qui le réduit dans un état voisin d'une ruine complète.

Dans cette triste position, l'exposant vous supplie, Monsieur le Préfet, de vouloir bien lui accorder un secours pour l'aider dans la reprise de ses travaux et à élever sa famille.

Il est avec un profond respect,

Monsieur le Préfet,

Votre très-humble et très-obéissant serviteurs

(Signature.)

Paris, le 18

DROIT RURAL EXPLIQUÉ.

Les officiers municipaux doivent veiller généralement à la tranquillité, à la salubrité et à la sûreté des campagnes.

Celui qui achète des bestiaux hors des foires et marchés est tenu de les restituer gratuitement au propriétaire dans le cas où ils auraient été volés.

Les dégâts que les bestiaux de toute espèce laissés à l'abandon causent sur les propriétés d'autrui, doivent être payés par les personnes qui ont la jouissance des bestiaux; si elles sont insolvables, ces dégâts demeurent à la charge du maître des bestiaux.

Le propriétaire qui éprouve le dommage a le droit de saisir les bestiaux, sous l'obligation de les faire conduire dans les vingt-quatre heures au lieu du dépôt désigné à cet effet par la municipalité. Il sera satisfait aux dégâts par la vente des bestiaux, s'ils ne sont pas réclamés, ou si le dommage n'a point été payé dans la huitaine du jour du délit. Si ce sont des volailles qui causent le dommage, le propriétaire, le détenteur ou le fermier qui l'éprouve peut les tuer, mais seulement sur le lieu et au moment du dégât.

Les bestiaux morts doivent être enfouis dans la journée à deux mètres de profondeur par le propriétaire et dans son terrain, ou voiturés à l'endroit désigné par la municipalité, pour y être également enfouis, sous peine par le délinquant de payer une amende de la valeur d'une journée de travail, ainsi que les frais de transport et d'enfouissement.

Personne ne peut inonder l'héritage de son voisin, ni lui transmettre volontairement les eaux d'une manière nuisible, sous peine de payer le dommage et une amende qui ne pourra excéder la somme du dédommagement.

Il est défendu à toute personne de recombler les fossés, de dégrader les clôtures, de couper des branches de haies vives, d'enlever des bois secs des haies.

Les conducteurs de bestiaux revenant des foires, ou les menant d'un lieu à un autre, même dans les pays de parcours ou de vaine pâture, ne peuvent les laisser pacager sur les terres des particuliers, ni sur les communaux, sous peine d'une amende de la valeur de deux journées de travail, outre les dommages-intérêts. L'amende sera égale à la valeur des dommages si le délit a été commis sur un terrain ensemencé, ou qui n'a pas été dépouillé de sa récolte, ou dans un enclos rural. A défaut de paiement, les bestiaux peuvent être saisis et vendus jusqu'à concurrence de l'indemnité, de l'amende et des frais.

Tout dévastateur des bois, des récoltes, ou chasseur masqué, pris en flagrant délit, peut être arrêté sans réquisition préalable.

Le voyageur qui déclora un champ pour se faire un passage, paiera le dommage fait au propriétaire, et de plus, une amende de la valeur de trois journées de travail, à moins que le juge de paix du canton ne décide que le chemin public était impraticable, auquel cas les dommages et les frais de clôture seront à la charge de la commune.

Quiconque aura coupé ou détérioré des arbres plantés sur les routes, sera condamné à une amende triple de la valeur des arbres, et à un emprisonnement qui pourra s'élever jusqu'à six mois.

Tout propriétaire a le droit d'avoir pour ses domaines un garde champêtre particulier ; il doit le faire agréer par le sous-préfet, et assermenter devant le tribunal civil de l'arrondissement.

DE LA CHASSE.

Il est un certain nombre de lois dans lesquelles le législateur a eu plus particulièrement pour but de protéger l'ordre public et la sûreté générale, en assurant à chacun le libre exercice de ses droits, et en réglementant la liberté individuelle, tout en la maintenant dans de justes limites. Ces lois, qui devraient être les plus chères à la société, sont précisément les plus mal accueillies, et quelquefois les plus vivement critiquées. Au nombre des dispositions qui ont eu le triste privilége d'exciter les plaintes les plus inconsidérées, se trouvent incontestablement celles sur la chasse, que dans un certain monde on qualifie encore de mesures vexatoires, d'attentats contre la liberté, de privilége pour les riches.

Nous n'avons ni à défendre ni à justifier ici ces lois, car il suffit d'un peu de bon sens pour reconnaître l'esprit de haute sagesse qui a présidé à leur rédaction. En effet. on comprend que la chasse doit être suspendue dans une certaine saison afin de laisser au gibier le temps et les moyens de se reproduire; d'un autre côté il faut que les moissons soient respectées, et c'est à ce double point de vue que la chasse a été réglementée.

Nul ne peut chasser, dit la loi, si la chasse n'est pas ouverte, et s'il ne lui a pas été délivré un permis de chasse par l'autorité compétente. — Nul, non plus, n'a la faculté de chasser sur la propriété d'autrui sans le consentement du propriétaire ou de ses ayants droit.

Le propriétaire ou possesseur peut cependant chasser en tout temps, sans permis de chasse, dans ses possessions attenant à une habitation et entourées d'une clôture continue faisant obstacle à toute communication avec les héritages voisins.

Les préfets déterminent l'époque de l'ouverture et celle de la clôture de la chasse dans leurs départements respectifs.

Il est interdit de mettre en vente, d'acheter, de transporter et de colporter du gibier pendant le temps et dans les départements où la chasse n'est pas permise. — La recherche du gibier en temps prohibé peut être faite chez les aubergistes, chez les marchands de comestibles et dans les lieux ouverts au public, mais non chez les particuliers. Il est interdit aussi de prendre ou de détruire, sur le terrain d'autrui, des œufs et des couvées de faisans, de perdrix et de cailles.

Les permis de chasse sont délivrés sur l'avis des maires, par les préfets. Le prix en est fixé à 25 fr. dont 15 fr. pour l'Etat et 10 fr. pour la commune. Ils sont personnels à ceux qui les ont obtenus, et valables pour un an seulement; aucun permis n'est livré qu'après justification du payement du prix par la quittance du percepteur. Cette quittance ne peut nullement suppléer le permis, et on ne serait pas recevable à donner pour excuse, après avoir été l'objet d'un procès-verbal faute de représenter le permis, qu'on en a fait la demande et payé le droit.

DE LA PÊCHE FLUVIALE.

La loi ne crée ni n'attribue pas le droit de pêche; elle en en a seulement déterminé et réglé l'exercice.

Le droit de pêche est exercé au profit de l'Etat: 1° Dans tous les fleuves, rivières, canaux et contrefossés navigables ou flottables avec bateaux, trains ou radeaux et dont l'entretien est à la charge de l'Etat ou de ses ayants-cause; 2° dans les bras, noues, boires et fossés qui tirent leurs eaux des fleuves et rivières navigables ou flottables dans lesquels on peut en tout temps passer ou pénétrer librement en bateau de pêcheur, et dont l'entretien est également à la charge de l'Etat. Sont toutefois exceptés les canaux ou fossés existants, ou qui seraient creusés dans les propriétés particulières et entretenus aux frais des propriétaires.

Dans toutes autres rivières et canaux, les propriétaires riverains ont, chacun de son côté, le droit de pêche jusqu'au milieu du cours de l'eau, sans préjudice des droits contraires établis par possession ou par titres.

Tout individu qui se livre à la pêche sur les fleuves et rivières navigables ou flottables, canaux, ruisseaux ou cours d'eau quelconque, sans la permission de celui à qui le droit de pêche appartient, est punissable d'une amende de 20 fr. au moins, de 100 au plus, indépendamment des dommages-intérêts; la confiscation des filets et engins peut aussi être prononcée. — Néanmoins il est permis à tout individu de pêcher à la ligne flottante tenue à la main, le temps du frai excepté, dans les fleuves, rivières et canaux où l'Etat exerce exclusivement le droit de pêche.

La pêche au profit de l'Etat est exploitée, soit par voie d'adjudication publique, soit par concession de licence à prix d'argent. Toute location faite autrement que par adjudication est considérée comme clandestine et déclarée nulle.

Il est interdit de placer dans les rivières navigables ou flottables, les canaux et ruisseaux, aucun barrage, appareil ou établissement quelconque de pêcherie, ayant pour objet d'empêcher entièrement le passage du poisson, sous peine de dommages-intérêts, d'une amende de 50 fr. à 500 fr., et de la saisie des appareils.

Quiconque aura jeté dans les eaux des drogues ou appâts qui sont de nature à enivrer le poisson ou à le détruire, sera puni d'une amende de 30 fr. à 300 fr. et d'un emprisonnement d'un à trois mois.

Une amende de 30 à 100 fr. sera prononcée contre ceux qui feront usage, en quelque temps et en quelque fleuve, rivière, canal ou ruisseau que ce soit, de l'un des procédés ou modes de pêche, ou de l'un des instruments ou engins de pêche prohibés. Si le délit a eu lieu pendant le temps du frai, l'amende sera de 60 à 200 fr.

Sont prohibés : 1° les filets traînants; 2° les filets dont les mailles carrées, sans accrues et non tendues ni tirées en losanges, auraient moins de 30 millimètres de chaque côté, après que le filet aura séjourné dans l'eau; 3° les bires, nasses ou autres engins, dont les verges en osier seraient écartées entre elles de moins de 30 millimètres.

Sont néanmoins autorisés, pour la pêche des goujons, ablettes, loches, vérons, vandoises et autres poissons de petite espèce, les filets dont les mailles auront 15 millimètres de largeur, et les nasses d'osier ou autres engins dont les baguettes ou verges seront écartées de 15 millimètres. Les pêcheurs ont aussi la faculté de se servir de toute espèce de nasses en jonc à jour, quelque soit l'écartement de leurs verges.

Quiconque se servira pour une autre pêche des filets spécialement affectés à cette dernière, sera puni d'une amende de 30 à 100 fr.; et si le délit a lieu pendant le temps du frai, l'amende sera de 60 à 200 fr.

Les maris, pères, mères, tuteurs, fermiers et porteurs de licences, ainsi que tous propriétaires, maîtres et commettants, sont civilement responsables des délits en matière de pêche commis par leurs femmes, enfants mineurs, pupilles, bateliers et compagnons, et tous autres subordonnés, sauf le recours de droit.

LE CRÉDIT FONCIER

EXPLIQUÉ.

S'il y eut jamais une idée utile au monde, c'est assurément celle qui a pour objet de procurer aux classes laborieuses des capitaux à bon marché. L'argent, en effet, est l'instrument indispensable à toute entreprise, l'élément principal de tout succès ; car avec des sommes suffisantes bien employées on triomphe des plus grands obstacles, tandis que sans argent, le mérite, les capacités, l'intelligence, le génie même demeurent impuissants et presque inutiles. C'est à cause des immenses avantages qu'il procure que le capital est si recherché, et c'est le besoin à nul autre égal que chacun en éprouve qui a fait naître l'usure. Or, fournir des fonds à intérêt réduit et en faciliter le remboursement par de faibles à-compte, c'est évidemment procurer au commerce, à l'industrie, et surtout à l'agriculture, le premier comme le plus sûr moyen de s'enrichir ; tel a été le but des sociétés de Crédit foncier, dont la création remonte au décret du 28 février 1852.

Moyennant des garanties suffisantes on peut se procurer là des fonds que l'on n'aura en quelque sorte jamais à rembourser, et que cependant on cessera de devoir après un certain laps de temps, puisque au moyen d'une annuité qui ne dépasse guère le taux de l'intérêt ordinaire, on se trouve libéré de tout après un terme facultatif pour l'emprunteur dans la limite de *cinquante ans :* ainsi, une somme de 1,000 francs, par exemple, empruntée aujourd'hui, se trouverait complétement remboursée dans cinquante ans, pourvu que l'emprunteur eût régulièrement payé ses annuités, dont le taux s'élèverait tout au plus à cinq ou cinq et demi pour cent Bien entendu, on peut se décharger plus tôt en élevant le chiffre de l'annuité, et même abréger encore les délais primitivement fixés en remboursant ce qui peut rester dû sur le capital, déduction faite des annuités déjà payées.

La condition première pour obtenir du Crédit foncier le prêt d'une somme, c'est de présenter des garanties suffisantes, qui d'ailleurs se réduisent à une hypothèque en premier rang sur des immeubles d'une valeur au moins double de la somme empruntée. Toutefois, on peut donner à une hypothèque subséquente le premier rang en éteignant celles qui la précèdent; ainsi, le possesseur d'une propriété de 10,000 francs, par exemple, sur laquelle existent déjà des inscriptions ne dépassant pas 5,000 francs, peut obtenir le prêt de cette dernière somme, à la condition que le montant en sera employé à éteindre les créances déjà inscrites : il va sans dire que, si au lieu de devoir déjà 5,000 francs, ce propriétaire ne devait qu'une somme moindre on lui prêterait également cette même somme, à la charge de faire disparaître les hypothèques antérieures, sauf à lui à disposer du surplus de la somme prêtée comme il le jugerait à propos.

NOUVELLE LOI SUR LE DRAINAGE.

DÉCRET IMPÉRIAL.

Loi nouvelle des 17-23 *juillet* 1856, *sur le drainage.*

ENCOURAGEMENTS DONNÉS PAR L'ÉTAT.

Art. 1er. Une somme de 100 millions est affectée à des prêts destinés à faciliter les opérations de drainage.

Un article de la loi de finances fixe, chaque année, le crédit dont le ministre de l'agriculture, du commerce et des travaux publics peut disposer pour cet emploi.

2. Les prêts effectués en vertu de la présente loi sont remboursables en vingt-cinq ans, par annuités comprenant l'amortissement du capital et l'intérêt calculé à 4 p. 100.

L'emprunteur a toujours le droit de se libérer par anticipation, soit en totalité, soit en partie.

Le recouvrement des annuités a lieu de la même manière que celui des contributions directes.

3. *Il est accordé* au trésor public, pour le recouvrement de *l'annuité échue et de l'annuité courante sur les récoltes ou revenus des terrains drainés,* un privilége qui prend rang immédiatement après celui des contributions publiques. Néanmoins, les sommes dues pour les semences ou pour les frais de la récolte de l'année sont payées sur le prix de la récolte avant la créance du trésor public.

Le trésor public a également, pour le recouvrement de

ses prêts, un privilége qui prend rang avant tout autre sur les terrains drainés.

4. Le privilége sur les terrains drainés, *tel qu'il est établi par l'article précédent*, est accordé : 1° aux syndicats, pour le recouvrement de la taxe d'entretien et des prêts ou avances faits par eux ; 2° aux prêteurs, pour le remboursement des prêts faits à des syndicats ; 3° aux entrepreneurs, pour le payement du montant des travaux de drainage par eux exécutés ; 4° *à ceux qui ont prêté des deniers pour payer ou rembourser les entrepreneurs, en se conformant aux dispositions du* § 5 *de l'article* 2103 *du code Napoléon.*

Les syndicats ont, en outre, pour la taxe d'entretien de l'année échue et de l'année courante, le privilége sur les récoltes ou revenus, tel qu'il est établi par l'article 3.

Le privilége n'affecte chacun des immeubles compris dans le périmètre d'un syndicat que pour la part de cet immeuble dans la dette commune.

5. Toute personne ayant une créance privilégiée ou hypothécaire antérieure au privilége acquis en vertu de la présente loi, a le droit, à l'époque de l'aliénation de l'immeuble, de faire réduire ce privilége à la plus-value existant à cette époque et résultant des travaux de drainage.

6. Le trésor public, les syndicats, les prêteurs et les entrepreneurs n'acquièrent le privilége que sous la condition d'avoir préalablement fait dresser un procès-verbal, à l'effet de constater l'état de chacun des terrains à drainer relativement aux travaux de drainage projetés, d'en déterminer le périmètre et d'en estimer la valeur actuelle d'après les produits.

Lorsqu'il s'agit d'un prêt demandé au trésor public, le procès-verbal est dressé par un ingénieur ou un homme de l'art commis par le préfet, assisté d'un expert désigné par le juge de paix ; s'il y a désaccord entre l'ingénieur et l'expert, celui-ci fait consigner ses observations dans le procès-verbal.

Dans les autres cas, le procès-verbal est dressé *par un expert désigné par le juge de paix du canton où sont situés les biens.*

Les entrepreneurs qui ont exécuté des travaux pour des propriétaires non constitués en syndicat doivent, de plus, faire vérifier la valeur de leurs travaux, dans les deux mois de leur exécution, par *un expert désigné* par le juge de paix. Le montant du privilége ne peut pas excéder la valeur constatée par ce second procès-verbal.

7. Le privilége accordé par la présente loi sur les terrains drainés se conserve par une inscription prise: pour le trésor public et pour les prêteurs, dans les deux mois de l'acte de prêt; pour les syndicats, dans les deux mois de l'arrêté qui les constitue; pour les entrepreneurs, dans les deux mois du procès-verbal prescrit par le premier paragraphe de l'article 6.

L'inscription contient, dans tous les cas, un extrait sommaire de ce procès-verbal.

Lorsqu'il y a lieu à vérification des travaux, en exécution du quatrième paragraphe de l'article 6, il est fait mention, en marge de l'inscription, du procès-verbal de cette vérification, dans les deux mois de sa date.

8. L'acte de prêt consenti au profit d'un syndicat répartit provisoirement la dette entre les immeubles compris dans le périmètre du syndicat, proportionnellement à la part que chacun de ces immeubles doit supporter dans la dépense, et l'inscription est prise d'après cette répartition provisoire.

Pour les avances d'un syndicat, l'inscription est également prise d'après une répartition provisoire faite comme il est dit au paragraphe précédent, par les soins du syndicat.

Si la répartition provisoire est rectifiée ultérieurement par l'effet des recours ouverts aux propriétaires en vertu de l'art. 4 de la loi du 14 floréal an XI, il est fait mention de cette rectification en marge des inscriptions, à la diligence du syndicat, dans les deux mois de la date où la répartition nouvelle est devenue définitive; le privilége s'exerce conformément à cette dernière répartition.

9. Si une opération de drainage aggrave les dépenses d'un cours d'eau réglées par la loi du 14 floréal an XI, les terrains drainés sont compris dans les propriétés intéressées, et imposés conformément à cette loi.

10. Un règlement d'administration publique détermine les conditions et les formes des prêts faits par le trésor public, les mesures propres à assurer l'emploi des fonds provenant de ces prêts à l'exécution des travaux de drainage, les formes de la surveillance de l'administration sur l'exécution et l'entretien des travaux de drainage effectués avec les prêts faits par le trésor public, et, en général, toutes les mesures nécessaires à l'exécution de la présente loi.

NOUVELLE LOI

Relative aux mauvais traitements exercés envers les animaux domestiques.

Article unique. Seront punis d'une amende de cinq à quinze francs, et pourront l'être d'un à cinq jours de prison, ceux qui auront exercé publiquement et abusivement de mauvais traitements envers les animaux domestiques. — La peine de la prison sera toujours appliquée en cas de récidive. — L'art. 483 du Code pénal sera toujours applicable. (*Loi du 2 juillet 1850.*)

DÉCRET IMPÉRIAL.

Loi du 10 *juin* 1854, *sur le libre écoulement des eaux provenant du drainage.*

DU DRAINAGE.

Le *drainage* est l'ensemble des moyens que le propriétaire d'un fonds marécageux emploie pour arriver au desséchement de ce terrain ou à son assainissement.

Dans l'intérêt général comme dans l'intérêt particulier, il est très-utile que les propriétés ne demeurent pas immergées, attendu que c'est autant de terrain dérobé à l'agriculture, et que, de plus, les marais causent souvent des épidémies par leurs émanations insalubres : c'est en vue de ce double intérêt qu'a été faite la loi du 10 juin 1854, dont les dispositions suivent :

Art. 1er. Tout propriétaire qui veut assainir son fonds par le drainage, ou un autre mode d'asséchement, peut, moyennant une juste et préalable indemnité, en conduire les eaux souterrainement ou à ciel ouvert, à travers les propriétés qui séparent ce fonds d'un cours d'eau ou de toute autre voie d'écoulement.

Sont exceptés de cette servitude les maisons, cours, jardins, parcs et enclos attenant aux habitations.

2. Les propriétaires de fonds voisins ou traversés ont la faculté de se servir des travaux faits en vertu de l'article précédent, pour l'écoulement des eaux de leurs fonds.

Ils supportent dans ce cas, 1° une part proportionnelle dans la valeur des travaux dont ils profitent ; 2° les dépenses résultant des modifications que l'exercice de cette faculté peut rendre nécessaires ; et 3° pour l'avenir, une part contributive dans l'entretien des travaux devenus communs.

3. Les associations de propriétaires qui veulent, au moyen de travaux d'ensemble, assainir leurs héritages par

le drainage ou tout autre mode d'assèchement, jouissent des droits et supportent les obligations qui résultent des articles précédents. Ces associations peuvent, sur leur demande, être constituées, par arrêtés préfectoraux, en syndicats auxquels sont applicables les articles 3 et 4 de la loi du 14 floréal an XI.

4. Les travaux que voudraient exécuter les associations syndicales, les communes ou les départements, pour faciliter le drainage ou tout autre mode d'assèchement, peuvent être déclarés d'utilité publique par décret rendu en conseil d'État.

Le règlement des indemnités dues pour expropriation est fait conformément aux paragraphes 2 et suivants de l'article 16 de la loi du 21 mai 1836.

5. Les contestations auxquelles peuvent donner lieu l'établissement et l'exercice de la servitude, de la fixation du parcours des eaux, l'exécution des travaux de drainage ou d'assèchement, les indemnités et les frais d'entretien, sont portées en premier ressort devant le juge de paix du canton, qui, en prononçant, doit concilier les intérêts de l'opération avec le respect dû à la propriété.

S'il y a lieu à expertise, il pourra n'être nommé qu'un seul expert.

6. La destruction totale ou partielle des conduits d'eau ou fossés évacuateurs est punie des peines portées par l'article 456 du Code pénal.

Tout obstacle apporté volontairement au libre écoulement des eaux est puni des peines portées par l'article 457 du même code.

L'article 463 du Code pénal peut être appliqué.

7. Il n'est aucunement dérogé aux lois qui règlent la police des eaux.

TAXES ET FRAIS DIVERS.

TARIFS GÉNÉRAUX.

Nouveau tarif des protêts; — des greffiers de justice de paix; — des tribunaux de première instance; — des Cours impériales; — dus aux officiers ministériels; — des Tribunaux de commerce; — des huissiers; — des avoués; — des avocats; — des agréés; — des notaires. — Taxe des témoins, des experts et des gardiens. — Arbitrage, etc., etc.

Les frais de protêt sont maintenant réduits aux seuls droits suivants. Ces tarifs ont été révisés dans l'intérêt du commerce.

NOUVEAUX TARIFS DES PROTÊTS.	ÉMOLUMENTS.	DÉBOURSÉS.	TOTAL.
PROTÊT SIMPLE.			
	fr. c.	fr. c.	fr. c.
Original et copie.	1 60		
Droit de copie de l'effet sur l'original et la copie. Transcription sur le répertoire	0 75		4 40
Timbre du protêt		0 70	
Timbre du registre des protêts.		0 25	
Enregistrement		1 10	
PROTÊT A DEUX DOMICILES OU AVEC UN BESOIN.			
Protêt simple			4 40
Pour le second domicile ou le besoin	1 00		1 35
Timbre		0 35	5 75
PROTÊT DE DEUX EFFETS.			
Le protêt simple			4 40
Emoluments pour le second effet	0 50		0 85
Timbre		0 35	5 25

NOUVEAUX TARIFS DES PROTÊTS.	ÉMOLUMENTS.	DÉBOURSÉS.	TOTAL.
PROTÊT DE PERQUISITION.			
	fr. c.	fr. c.	fr. c.
Original et copie	5 00		
Droit de copies	1 25		
Les copies du titre	0 50		
Visa	1 00		
Timbre des copies		1 75	11 75
Enregistrement		1 10	
Transcription du titre au registre; Transcription du procès-verbal de perquisition et du protêt	0 75		
Papier du registre pour la transcription		0 40	
PROTÊT AU PARQUET.			
Le protêt simple	4 40		
Deuxième copie au parquet	0 60		
Troisième au tribunal et droit de la copie du titre.	1 50		8 50
Visa	1 00		
Timbre		0 70	
INTERVENTION.			
Original	2 00		
Transcription au registre	0 25		5 90
Papier du registre		0 15	
Enregistrement		1 10	
DÉNONCIATION DE PROTÊT.			
Original	2 00		
Copie de l'exploit	0 50		
Copie de billet; Copie de protêt	0 75		
Copie d'intervention	0 25		5 90
Copie de compte de retour	0 25		
Timbre		1 05	
Enregistrement		1 10	

NOUVEAUX TARIFS DES GREFFIERS.

Les greffiers des justices de paix, ceux des tribunaux civils de première instance, ceux des cours impériales et ceux des tribunaux de commerce ont droit aux émoluments suivants :

Greffiers des justices de paix.

Pour chaque rôle d'expédition qu'ils délivrent, contenant vingt lignes à la page et dix syllabes à la ligne :

A Paris. . . . . 50 c.
Partout ailleurs. . . . . 40 c.

Pour l'expédition de tout procès-verbal de non conciliation :

A Paris. . . . . 1 fr.
Partout ailleurs . . . . 80 c.

Pour chaque opposition aux scellés formée par déclaration sur le procès-verbal même :

A Paris. . . . . 50 c.
Partout ailleurs. . . . . 40 c.

Pour chaque extrait des oppositions aux scellés :

A Paris. . . . . 50 c.
Partout ailleurs. . . . . 40 c.

Pour la transmission au procureur impérial de la récusation et de la réponse du juge, tous frais de port compris :

Partout. . . . . 5 fr.

Pour transport sur les lieux à plus de cinq kilomètres, quand il y a lieu :

Partout. . . . . 3 fr. 32 c.

Pour transport à plus d'un myriamètre :

Partout. . . . . 4 fr.

Greffiers des tribunaux de première instance.

Pour dépôt de copie collationnée des contrats translatifs des propriétés. . . . . 3 fr.

Pour l'extrait à afficher. . . . . 1 fr.

Pour soumission de caution, déclaration affirmative de surenchère ou de command, acceptation bénéficiaire, renonciation à communauté ou succession, bordereau de collocation, certificat de propriété. . . . . 2 fr.

Pour opérer le dépôt d'un testament olographe ou mystique, non compris le transport, s'il y a lieu. . . . . . 6 fr.

Pour tout acte, déclaration ou certificat fait au greffe, et qui ne donne pas lieu à un émolument particulier. 1 fr. 50 c.

Pour communication, sans déplacement, des pièces dont le dépôt est constaté par un acte au greffe. . . . . . . 1 fr.

Pour recherches des actes, jugements et ordonnances faits ou rendus depuis plus d'une année, et dont il n'est pas demandé expédition :

Pour la première année indiquée. . . . . 50 c.

Et pour chacune des autres. . . . . 25 c.

Pour chaque légalisation. . . . . 25 c.

Pour l'insertion au tableau de chaque extrait d'acte ou de jugement soumis à cette formalité. . . . . 50 c.

Pour *visa* d'exploits. . . . . 25 c.

Pour mention de chaque acte sur le répertoire. . . 10 c.

Pour remboursement du timbre de chaque jugement rendu à la requête des parties, ceux de simple remise exceptés. 80 c.

Pour celui de chaque acte porté sur un registre timbré. 40 c.

Et pour chaque insertion portée sur un pareil registre. . 15 c.

Lorsque, dans l'exercice de leurs fonctions, les greffiers des tribunaux civils se transportent à plus de cinq kilomètres de leur résidence, ils reçoivent, pour frais de voyage, nourriture et séjour, une indemnité par jour de. . . . . 8 fr.

S'ils se transportent à plus de deux kilomètres, l'indemnité par jour est de. 10 fr.

Greffiers des cours impériales.

Pour tout acte fait ou transcrit au greffe, quel que soit le nombre des parties. . . . . 3 fr.

Pour communication de pièces dont le dépôt est constaté, recherches d'actes et jugements, légalisations, insertions, visa d'exploits ou mentions sur le répertoire, une somme double de celle allouée aux greffiers des tribunaux de première instance. Leur indemnité, en cas de déplacement, est la même.

Greffiers des tribunaux de commerce.

Pour le papier de chaque jugement, ceux de simple remise exceptés. . . . . 25 c.

Pour la rédaction de chaque jugement expédié :

S'il est par défaut. . . . . 1 fr. »

Et s'il est contradictoire. . . . . 1 fr. 50 c.

Pour le procès-verbal d'assemblée de créanciers, à l'effet de former la liste des candidats aux fonctions de syndic, en cas de faillite. . . . . 2 fr.

Pour celui de chaque autre assemblée de créanciers. 3 fr.

Pour celui de reddition des comptes des agents et syndics. . . . . 3 fr.

Pour la vérification et affirmation des créances, par chaque créancier. . . . . 50 c.

Pour chaque contredit signé au procès-verbal et pour lequel il y aurait renvoi à l'audience. . . . . 50 c.

Pour la rédaction, l'impression et l'envoi des lettres individuelles de convocation aux créanciers, et par chaque lettre. . . . . 10 c.

Pour l'affiche et pour l'insertion dans les journaux. 1 fr.

Pour le procès-verbal de mise en demeure des créanciers non comparants dans le cas de l'art. 510 du Code de commerce. . . . . 2 fr.

Dispositions générales.

Les greffiers n'ont droit à aucun émolument : 1° pour les minutes des arrêts, jugements et ordonnances, et pour celles des actes et procès-verbaux reçus ou dressés par les magistrats avec leur assistance ; 2° pour les simples formalités qui n'exigent aucune écriture, ou dont il est seulement fait mention sommaire ; 3° pour l'accomplissement des obligations qui leur sont imposées, soit à l'effet de régulariser le service des greffes, soit dans un intérêt d'ordre public ou d'administration judiciaire.

Les greffiers doivent inscrire, au bas des expéditions qui leur sont demandées, le détail des déboursés et des droits auxquels chaque arrêt, jugement ou acte donne lieu. — A défaut d'expédition, ils doivent faire cette mention sur des états signés d'eux, et qu'ils remettent aux parties ou aux avoués, pour chacun desquels il leur est dû un émolument de dix centimes.

Il est interdit aux greffiers, ainsi qu'à leurs commis, de recevoir, sous quelque prétexte que ce soit, d'autres ou plus forts droits que ceux alloués notamment par le décret du 24 mai 1854, et que nous venons de rapporter, sous peine de destitution, si la gravité du fait le comporte, et sans préjudice de la restitution des sommes indûment perçues, ainsi que de tous dommages-intérêts, s'il y a lieu.

TARIF DES HUISSIERS.

Les huissiers ont droit aux émoluments suivants :

Pour l'original de chaque citation contenant demande :

A Paris. . . . . 1 fr. 50 c.
Partout ailleurs. . . . . 1 fr. 25 c.

Idem de signification de jugement, de sommation de fournir caution ou d'être présent à la réception :

Partout. . . . . 1 fr. 25 c.

Idem d'opposition à jugement de défaut, de demande en garantie, de citation à témoins et experts, de citation en conciliation, de citation aux membres d'un conseil de famille, d'opposition aux scellés, et de sommation d'assister à la levée :

Partout. . . . . 1 fr. 50 c.

Pour l'original d'un exploit d'appel de jugement de la justice de paix et d'ajournement, de tout exploit de sommation, signification et autres actes quelconques ordinaires non autrement taxés :

A Paris. . . . . 2 fr. » c.
Partout ailleurs. . . . . 1 fr. 50 c.

Idem de la récusation du juge de paix :

A Paris. . . . . 3 fr. »
Partout ailleurs. . . . . 2 fr. 25 c.

Et pour chaque copie des actes ci-dessus, le quart des droits de réduction.

S'il est en même temps donné copie de pièces, le droit est, pour chaque rôle d'expédition contenant vingt lignes à la page et dix syllabes à la ligne, de :

A Paris. . . . . » fr. 25 c.
Partout ailleurs. . . . . » 20 c.

Pour un procès-verbal de saisie-exécution qui durera trois heures, y compris la taxe des témoins :

A Paris. . . . . 8 fr. » c.
Partout ailleurs. . . . . 6 fr. »

Si la saisie dure plus de trois heures, il est dû pour chacune des vacations subséquentes aussi de trois heures :

A Paris. . . . . 5 fr. »
Partout ailleurs. . . . . 3 fr. 75 c.

Les frais de copies pour le saisi et pour le gardien sont compris dans cette taxe.

Pour un procès-verbal de récolement d'effets saisis, sans détail :

A Paris. . . . . 3 fr. » c.
Partout ailleurs. . . . . 2 fr. 25 c.

Idem avec détail, quand il est nécessaire :

A Paris. . . . . 6 fr. » c.
Partout ailleurs. . . . . 4 fr. 50 c.

Et pour chaque copie de ces actes, le quart de l'original.

Pour le procès-verbal de récolement qui précède la vente, et qui contient le détail des objets en déficit, s'il y en a :

A Paris. . . . . 6 fr. » c.
Partout ailleurs. . . . . 4 fr. 50 c.

Pour la rédaction de l'original du placard d'affiches :

Partout. . . . . 1 fr. » c.

Pour chaque copie, si le placard est manuscrit :

Partout. . . . . » fr. 50 c.

Pour l'original du procès-verbal d'affiche :

A Paris. . . . . 3 fr. » c.
Partout ailleurs. . . . . 2 fr. 25 c.

Pour un procès-verbal de saisie immobilière auquel il n'aura été employé que trois heures :

A Paris. . . . . 6 fr. » c.
Partout ailleurs. . . . . 5 fr. » c.

Si la saisie dure plus de trois heures, il est dû pour chacune des vacations subséquentes aussi de trois heures :

A Paris. . . . . 5 fr. » c.
Partout ailleurs. . . . . 4 fr. » c.

Pour l'original de la dénonciation au saisi :

A Paris. . . . . 2 fr. 50 c.
Partout ailleurs. . . . . 2 fr. » c.

Pour l'original d'un commandement avec contrainte par corps :

Partout. . . . . 2 fr. » c.

Pour l'original d'un procès-verbal d'offres-réelles :

A Paris. . . . . 3 fr. » c.
Partout ailleurs. . . . . 2 fr. 75 c.

Pour un procès-verbal de consignation :

A Paris. . . . . 5 fr. » c.
Partout ailleurs. . . . . 4 fr. » c.

Et pour chaque copie de tous ces actes, le quart de l'original.

Les huissiers ne peuvent rien exiger en sus pour droits de signification et de transport jusqu'à un demi-myriamètre de distance ; mais au delà de cette limite, il leur est dû pour frais de voyage, qui ne pourra excéder cinq myriamètres, savoir : au delà d'un demi-myriamètre et jusqu'à un myriamètre, pour aller et retour :

Partout. . . . . 4 fr. » c.

Et pour chaque myriamètre en sus :

Partout. . . . . 2 fr. » c.

Il leur est dû aussi pour *visa* de chacun des actes qui y sont soumis :

A Paris. . . . . 1 fr. » c.
Partout ailleurs. . . . . » fr. 75 c.

Les huissiers sont tenus de remettre en personne les copies de leurs exploits, et de faire mention tant sur chaque copie que sur l'original, du coût de l'acte, sous peine d'amende, de suspension, et même de destitution.

TARIF DES AVOUÉS.

Pour l'obtention d'un jugement par défaut contre partie ou avoué, y compris les qualités et les significations à avoués, s'il y a lieu, quand la demande n'excède pas 1,000 francs :

A Paris, Lyon, Bordeaux et Rouen........... 7 fr. 50 c.

Pour les tribunaux des villes où siége une cour d'appel, autres que Paris, Lyon, Bordeaux et Rouen, ou des villes dont la population excède 30,000 âmes.............. 6 fr. 75 c.

Pour tous les autres tribunaux de France..... 5 fr. 65 c.

Quand la demande excède 1,000 fr. jusqu'à 5,000 francs :

Pour Paris, Lyon, Bordeaux et Rouen............. 10 fr.

Pour les tribunaux des villes où siége une cour d'appel, autres que, etc., ou des villes dont la population dépasse 30,000 âmes.. 9 fr.

Pour tous les autres tribunaux.............. 7 fr. 50 c.

Quand elle excède 5,000 francs :

Pour Paris, Lyon, etc........................... 15 fr.

Pour les tribunaux des villes, etc............ 13 fr. 50 c.

Pour les autres tribunaux.................. 11 fr. 25 c.

Pour l'obtention d'un jugement contradictoire ou définitif, quand la demande n'excède pas 1,000 francs :

Pour Paris et villes assimilées...................... 15 fr.

Pour les tribunaux des villes où siége une cour d'appel, etc.: 13 fr. 50 c.

Pour les autres tribunaux.................. 11 fr. 25 c.

Quand la demande excède 1,000 fr. jusqu'à 5,000 francs :

Pour Paris et villes assimilées.................... 20 fr.

Pour les tribunaux de second ordre (*voy.* ci-dessus).. 18 fr.

Pour les autres tribunaux......................... 15 fr.

Quand elle excède 5,000 francs :

Pour Paris et villes assimilées.................... 30 fr.

Pour les tribunaux de second ordre, où siége, etc... 27 fr.

Pour les autres tribunaux................... 22 f. 50 c.

PLAIDOIRIES DES AVOCATS.

L'art. 80 du décret de 1807, déjà cité, accorde à l'avocat de la cause qui a plaidé contradictoirement, un honoraire de 15 fr. à Paris, et de 10 fr. en province. Mais aucun ne se contente de si peu, et il faut convenir que ce n'est réellement pas assez. Généralement il existe dans chaque barreau un règlement fait par le conseil de l'Ordre, dont le public ignore les dispositions, mais que chaque avocat applique à l'occasion ; le plus souvent cependant, les honoraires de plaidoirie se règlent à l'amiable entre le client et l'avocat. Pour compléter nos explications à cet égard, nous nous bornerons à faire passer sous les yeux du lecteur l'art. 43 du décret du 14 décembre 1810, ainsi conçu :

« A défaut de règlement, et pour les objets qui ne seraient pas prévus dans les règlements existants, voulons que les avocats taxent eux-mêmes leurs honoraires avec la discrétion qu'on doit attendre de leur délicatesse. Dans le cas où la taxation excéderait les bornes d'une juste modération, le conseil de discipline la réduira, eu égard à l'importance de la cause et à la nature du travail : il ordonnera la restitution, s'il y a lieu, même avec réprimande. — En cas de réclamation contre la décision du conseil de discipline, on se pourvoira au tribunal. »

TARIF DES AGRÉÉS.

Les agréés n'étant que de simples mandataires, la loi a laissé aux parties qui les emploient le soin de régler leurs honoraires. Néanmoins, le tribunal de commerce de la Seine a pris, le 26 juin 1845, un arrêté qui règle ce point, par forme de police intérieure, comme suit :

« Les agréés peuvent demander à leurs clients, en outre de leurs déboursés justifiés :

» Pour l'inscription d'une cause au plumitif et leur présentation à l'audience, *en demandant*. . . . . 4 fr. » c.
» Pour chaque présentation, *en défendant*. . . . 3 fr. » c.
» Pour vacation *à la levée* du jugement. . . . . . 3 fr. » c.

» Sous aucun prétexte, les agréés ne peuvent prétendre davantage.

» Il n'est dû, dans toutes les affaires portées aux audiences sommaires, qu'une seule présentation ; seulement, lorsqu'après une remise demandée par la partie et ordonnée par le tribunal, l'affaire aura été terminée par un jugement contradictoire définitif, il pourra être accordé un nouveau droit de présentation, soit en demandant, soit en défendant.

» Dans tous les cas, l'agréé ne peut prétendre au delà de trois présentations dans une même affaire, soit qu'elle ait été continuée aux audiences sommaires, soit qu'elle ait été renvoyée au grand rôle, et quel que soit le nombre des remises demandées, accordées ou ordonnées.

» Indépendamment du droit de présentation ci-dessus fixé, les agréés peuvent réclamer de leurs clients des honoraires pour les causes susceptibles de plaidoiries et de développements.

» La fixation de ces honoraires ne peut être faite par règlement, puisqu'elle dépend de la nature et de l'importance de l'affaire, du plus ou moins de soin et de travail qu'elle aurait exigé ; elle reste abandonnée à la discrétion de MM. les agréés, à leur loyauté et à leur modération. — En cas de contestation, il en serait référé à M. le président du tribunal. »

TARIF DES NOTAIRES.

Le décret du 16 février 1807 et l'ordonnance du 10 octobre 1841 ont déterminé les honoraires des Notaires pour les actes ci-après, comme suit :

Pour chaque vacation de trois heures,
1° Aux compulsoires faits en leur étude ;

2° Devant le juge, en cas que leur transport devant lui ait été requis ;

3° A tout acte respectueux pour demander le conseil des ascendants à l'effet de contracter mariage;

4° Aux inventaires après décès;

5° En référé devant le président du tribunal, à l'occasion desdits inventaires;

6° A tous les procès-verbaux dans lesquels ils sont tenus de constater le temps employé à leur rédaction;

7° Au greffe, pour y déposer la minute du procès-verbal des difficultés élevées dans les partages :

A Paris. . . . . 9 fr. » c.
Dans les villes où il y a un tribunal de première instance. . . . . 6 fr. » c.
Partout ailleurs. . . . . 4 fr. » c.

Dans le cas où les tribunaux renverront des ventes d'immeubles par devant les Notaires, ceux-ci auront droit, pour la grosse du cahier des charges, par rôle contenant 25 lignes à la page et 12 syllabes à la ligne :

A Paris. . . . . 2 fr. » c.
Partout ailleurs. . . . . 1 fr. 50 c.

Ils auront droit en outre, sur le prix des biens vendus : jusqu'à 10,000 fr., à 1 p. 0/0; sur la somme excédant 10,000 fr. jusqu'à 50,000 fr., à 1/2 p. 0/0; sur la somme excédant 50,000 fr. jusqu'à 100,000 fr., à 1/4 p. 0/0; et sur l'excédant de 100,000 fr. indéfiniment, à 1/8 p. 0/0.

Quand les Notaires sont obligés de se transporter à plus d'un myriamètre de leur résidence, indépendamment de leur journée, il leur est alloué pour tous frais de voyage et nourriture, par chaque myriamètre, un cinquième de leurs vacations, et autant pour le retour; — et par journée, qui se compte à raison de cinq myriamètres, pour l'aller et le retour, quatre vacations.

Les expéditions de tous les actes reçus par les Notaires

doivent contenir 25 lignes à la page et 15 syllabes à la ligne, et leur être payées, par chaque rôle :

A Paris. . . . . 3 fr. » c.
Dans les villes où il y a un tribunal de première instance.. . . . . 2 fr. » c.
Et partout ailleurs. . . . . 1 fr. 50 c.

Aux termes de l'art. 51 de la loi du 25 ventôse an XI, les honoraires de tous les autres actes de Notaires doivent être réglés à l'amiable entre eux et les parties ; sinon, par le président du tribunal, sur l'avis de la chambre, et sur simple mémoire, sans fais : ces honoraires se calculent ordinairement d'après la base déterminée plus haut pour tous les actes soumis à des droits proportionnels.

TAXE DES TÉMOINS, DES EXPERTS, ET DES GARDIENS.

Les témoins appelés à déposer en justice ont droit à une taxe ou indemnité, qui se calcule à raison de leur état ou profession. On alloue une journée pour la déposition ; et si le témoin n'est pas entendu le jour pour lequel il a été cité, il lui est passé deux journées indépendamment des frais de voyage s'il est domicilié à plus de deux myriamètres. En matière civile, le prix de la journée est de 10 fr. au plus et de 2 fr. au moins. Quant aux frais de voyage, ils sont fixés à 3 fr. par myriamètre pour l'aller et le retour. En matière criminelle ou de police, la taxe est moindre.

Les experts sont taxés aussi selon leur profession ; il leur est alloué, par chaque vacation de trois heures, quand ils opèrent dans les lieux où ils sont domicilés ou dans la distance de deux myriamètres; savoir :

Dans le département de la Seine :
Aux artisans et laboureurs. . . . . 4 fr. »
Aux architectes et autres artistes . . . . 8 fr. »

Et dans les autres départements :

Aux artisans et laboureurs....................	3 fr. »
Aux architectes et autres artistes..............	6 «

Dans le cas de transport au delà de deux myriamètres, il est alloué de plus, par chaque myriamètre, pour frais de voyage et de nourriture pour aller et autant pour revenir, savoir :

Aux architectes et autres artistes de Paris....	6 fr. «
A ceux des départements....................	4 fr. 50 c.
Et aux laboureurs et artisans indistinctement.	3 fr. »

Les frais de garde sont taxés pour chaque jour, pendant les douze premiers jours, savoir :

Dans le cas de saisie-exécution : à Paris, 2 fr. 50 c, dans les villes où il y a un tribunal de première instance, 2 fr.; et partout ailleurs, 1 fr. 50 c.

Et pour les jours suivants : à Paris, 1 fr.; dans les villes où il y a un tribunal de première instance, 80 c.; partout ailleurs, 60 c. seulement. Dans les cas de saisie-brandon, il est taxé partout : au garde champêtre, si c'est lui qui est gardien, 75 c.; et à tout autre que le garde champêtre, 1 fr. 25 par jour.

OBSERVATIONS IMPORTANTES.

Délais pour assigner devant les divers tribunaux.

Le délai pour citer devant les juges de paix est d'un jour franc; et pour appeler en conciliation, quand la somme dépasse 200 fr. il est detrois jours.

Pour assigner devant les tribunaux de prmière instance et les cours impériales, le délai est de huit jours francs.

Pour assigner devant les tribunaux de commerce, le délai est d'un jour franc. Il peut encore être abrégé par permission du juge, quandil y a urgence; on peut même être autorisé a assigner d'heure à heure.

Le commandement peut suivre la significationdu jugement; mais il faut un jour franc entre la signification et la saisie, et huit jours francs entre la saisie et la vente.

L'ouvrier ou tout autre individu qui, par sa position, se trouve dans l'impossibilité d'intenter une action juste, par défaut d'argent, soit pour séparation de corps, calomnie, pension alimentaire, et même pour la plupart des cas en matière civile, peut, sur la présentation d'un certificat constatant son état d'indigence, s'adresser au président du tribunal, qui commettra un avoué, afin de suivre la procédure aux frais du Trésor.

Délais pour l'opposition ou l'appel d'un jugement.

L'opposition à un jugement par défaut rendu en justice de paix doit être formée dans les trois jours de la signification.

S'il s'agit de jugements rendus par les tribunaux de commerce, l'opposition est recevable jusqu'à l'exécution (la vente des meubles, l'emprisonnement du débiteur, la dénonciation de la saisie immobilière). Il en est de même des tribunaux de première instance, quand il n'y a point d'avoué constitué; s'il y en a un, l'opposition n'est recevable que pendant la huitaine qui suit la notification à avoué.

Pour les jugements de justice de paix, le délai de l'appel est de trente jours à partir de la signification; il est de trois mois pour les jugements des tribunaux de première instance et de commerce, aussi à partir de leur signification.

QUELQUES BONS CONSEILS

POUR ÉVITER LES PROCÈS, QUI PRESQUE TOUJOURS CAUSENT LA RUINE DES FAMILLES.

Si les principes que nous avons essayé de développer dans le cours de ce livre ont été bien compris, le lecteur connaît maintenant les droits dont il peut user et les devoirs qu'il a à remplir dans les circonstances les plus usuelles de la vie. Néanmoins, et afin d'en mieux graver le souvenir dans l'esprit de tous, il nous semble utile de résumer ici, sous forme de maximes, les principales vérités qui découlent de notre enseignement, de la justice, de la prudence et de la moralité en affaires. Les voici dans toute leur simplicité.

I. Gardez-vous de tromper dans les marchés, avertissez vos acheteurs des vices rédhibitoires; c'est le moyen de prévenir des contestations et de conserver votre honneur et votre fortune.

II. Tâchez de ne jamais vous lier d'intérêts avec les personnes qui ont l'habitude de plaider ou qui ont l'esprit porté à la chicane, et ne signez jamais d'actes sous seing privé qu'avec des gens probes, coulants en affaires et surtout solvables; avec des hommes difficiles, peu exacts, à moitié bons, exigez toujours des actes notariés et prenez toutes les précautions hypothécaires possibles pour en assurer l'exécution.

III. N'écoutez pas la voix qui vous conseille de plaider dans les cas douteux ou peu importants; évitez même les procès qui vous paraissent justes, car le bon droit ne triomphe pas toujours, et souvent il arrive qu'après avoir obtenu ce qu'on appelle gain de cause, on a perdu beaucoup d'argent, dépensé inutilement un temps précieux, éprouvé mille désagréments de toute espèce. Rappelez-vous que les frais marchent vite chez les huissiers et les avoués, tandis que les affaires vont fort lentement; avec eux, il en coûte fort cher quand on a raison, et plus encore quand on a tort.

IV. Si donc le malheur voulait que vous fussiez engagé dans une contestation, transigez-la au plus tôt même en faisant quelques sacrifices; vous gagnerez sous un autre rapport ce que vous auriez ainsi perdu, et vous pourrez vaquer à d'autres affaires plus profitables.

V. Tout homme sage et prudent doit régler à temps ses dispositions de dernière volonté, c'est-à-dire faire son testament sans retard, sauf à le modifier ultérieurement, si les circonstances l'exigent.

VI. De son côté, le père de famille qui voudra prévenir des contestations peut-être ruineuses pour ses enfants, fera bien d'opérer lui-même le partage de sa succession, suivant le droit que lui en donnent les art. 1075 et 1076 du Code Napoléon, mais en prenant les précautions que la prudence commande en pareil cas.

VII. Quelque habile que vous soyez en affaires, consultez volontiers les autres. « Ceux qui font tout avec conseil, dit le plus sage des rois, sont conduits par la sagesse. » Toutefois, choisissez bien vos conseillers, et bornez-en le nombre afin d'éviter les indiscrétions et de ne pas perdre un temps toujours précieux pour les gens occupés.

Voilà bien, cher lecteur, les meilleurs conseils que nous croyons devoir donner en terminant ce livre. Si vous êtes exacts à les suivre, vous acquerrez avec sécurité, vous placerez vos fonds sans danger de les perdre, vous trouverez facilement à emprunter si le besoin l'exige, en un mot, vos affaires seront sûres et votre patrimoine arrivera intact à vos enfants. En dehors de là, au contraire, vous pourriez ne trouver que ruine, difficultés, embarras!

FIN.

LOI NOUVELLE DU 23 JUIN 1857

SUR LES MARQUES DE FABRIQUE ET DE COMMERCE

TITRE Ier. — DU DROIT DE PROPRIÉTÉ DES MARQUES.

Art. 1er. — La marque de fabrique ou de commerce est facultative.

Toutefois, des décrets, rendus en la forme des règlements d'administration publique, peuvent exceptionnellement la déclarer obligatoire pour les produits qu'ils déterminent.

Sont considérés comme marques de fabrique et de commerce les noms sous une forme distinctive, les dénominations, emblèmes, empreintes, timbres, cachets, vignettes, reliefs, lettres, chiffres, enveloppes et tous autres signes servant à distinguer les produits d'une fabrique ou les objets d'un commerce.

Art. 2. — Nul ne peut revendiquer la propriété exclusive d'une marque, s'il n'a déposé deux exemplaires du modèle de cette marque au greffe du tribunal de commerce de son domicile.

Art. 3. — Le dépôt n'a d'effet que pour quinze années.

La propriété de la marque peut toujours être conservée pour un nouveau terme de quinze années au moyen d'un nouveau dépôt.

Art. 4. — Il est perçu un droit fixe d'un franc pour la rédaction du procès-verbal de dépôt de chaque marque et pour le coût de l'expédition, non compris les frais de timbre et d'enregistrement.

TITRE II. — DISPOSITIONS RELATIVES AUX ÉTRANGERS.

Art. 5. — Les étrangers qui possèdent en France des établissements d'industrie ou de commerce jouissent, pour les produits de leurs établissements, du bénéfice de la présente loi, en remplissant les formalités qu'elle prescrit.

Art. 6. — Les étrangers et les Français dont les établissements sont situés hors de France jouissent également du bénéfice de la presente loi, pour les produits de ces établissemets, si, dans les pays où ils sont situés, des conventions diplomatiques ont établi la réciprocité pour les marques françaises.

Dans ce cas, le dépôt des marques étrangères a lieu au greffe du tribunal de commerce du département de la Seine.

TITRE III. — PÉNALITÉS.

Art. 7. — Sont punis d'une amende de cinquante francs à trois mille francs et d'un emprisonnement de trois mois à trois ans, ou de l'une de ces peines seulement :

1° Ceux qui ont contrefait une marque ou fait usage d'une marque contrefaite ;

2° Ceux qui ont frauduleusement apposé sur leurs produits ou les objets de leur commerce une marque appartenant à autrui ;

3° Ceux qui ont sciemment vendu ou mis en vente un ou plusieurs produits revêtus d'une marque contrefaite ou frauduleusement apposée.

Art. 8. — Sont punis d'une amende de cinquante francs à deux mille francs et d'un emprisonnement d'un mois à un an, ou de l'une de ces peines seulement :

1° Ceux qui, sans contrefaire une marque, en ont fait une imitation frauduleuse de nature à tromper l'acheteur, ou ont fait usage d'une marque frauduleusement imitée ;

2° Ceux qui ont fait usage d'une marque portant des indications propres à tromper l'acheteur sur la nature du produit;

3° Ceux qui ont sciemment vendu ou mis en vente un ou plusieurs produits revêtus d'une marque frauduleusement imitée ou portant des indications propres à tromper l'acheteur sur la nature du produit.

Art. 9. — Sont punis d'une amende de cinquante francs à mille francs et d'un emprisonnement de quinze jours à six mois, ou de l'une de ces peines seulement :

1° Ceux qui n'ont pas apposé sur leurs produits une marque déclarée obligatoire;

2° Ceux qui ont vendu ou mis en vente un ou plusieurs produits ne portant pas la marque déclarée obligatoire pour cette espèce de produits ;

3° Ceux qui ont contrevenu aux dispositions des décrets rendus en exécution de l'article 1er de la présente loi.

Art. 10. — Les peines établies par la présente loi ne peuvent être cumulées.

La peine la plus forte est seule prononcée pour tous les faits antérieurs au premier acte de poursuite.

Art. 11. — Les peines portées aux articles 7, 8 et 9 peuvent être élevées au double en cas de récidive.

Il y a récidive lorsqu'il a été prononcé contre le prévenu, dans les cinq années antérieures, une condamnation pour un des délits prévus par la présente loi.

Art. 12. — L'article 463 du Code pénal peut être appliqué aux délits prévus par la présente loi.

Art. 13. — Les délinquants peuvent, en outre, être privés du droit de participer aux élections des tribunaux et des chambres de commerce, des chambres consultatives des arts et manufactures, et des conseils de prud'hommes, pendant un temps qui n'excédera pas dix ans.

Le tribunal peut ordonner l'affiche du jugement dans les lieux qu'il détermine, et son insertion intégrale ou par extrait dans les journaux qu'il désigne, le tout aux frais du condamné.

Art. 14. — La confiscation des produits dont la marque serait reconnue contraire aux dispositions des articles 7 et 8 peut, même en cas d'acquittement, être prononcée par le tribunal, ainsi que celle des instruments et ustensiles ayant spécialement servi à commettre le délit.

Le tribunal peut ordonner que les produits confisqués soient remis au propriétaire de la marque contrefaite ou frauduleusement apposée ou imitée, indépendamment de plus amples dommages-intérêts, s'il y a lieu.

Il prescrit, dans tous les cas, la destruction des marques reconnues contraires aux dispositions des articles 7 et 8.

Art. 15. — Dans le cas prévu par les deux premiers paragraphes de l'article 9, le tribunal prescrit toujours que les marques déclarées obligatoires soient apposées sur les produits qui y sont assujettis.

Le tribunal peut prononcer la confiscation des produits, si le prévenu a encouru, dans les cinq années antérieures, une condamnation pour un des délits prévus par les deux premiers paragraphes de l'article 9.

TITRE IV. — JURIDICTIONS.

Art. 16. — Les actions civiles relatives aux marques sont

portées devant les tribunaux civils et jugées comme matières sommaires.

En cas d'action intentée par la voie correctionnelle, si le prévenu soulève pour sa défense des questions relatives à la propriété de la marque, le tribunal de police correctionnelle statue sur l'exception.

Art. 17. — Le propriétaire d'une marque peut faire procéder par tous huissiers à la description détaillée, avec ou sans saisie, des produits qu'il prétend marqués à son préjudice en contravention aux dispositions de la présente loi, en vertu d'une ordonnance du président du tribunal civil de première instance, ou du juge de paix du canton, à défaut de tribunal dans le lieu où se trouvent les produits à décrire ou à saisir.

L'ordonnance est rendue sur simple requête et sur la présentation du procès-verbal constatant le dépôt de la marque. Elle contient, s'il y a lieu, la nomination d'un expert, pour aider l'huissier dans sa description.

Lorsque la saisie est requise, le juge peut exiger du requérant un cautionnement, qu'il est tenu de consigner avant de faire procéder à la saisie.

Il est laissé copie, aux détenteurs des objets décrits ou saisis, de l'ordonnance et de l'acte constatant le dépôt du cautionnement, le cas échéant ; le tout à peine de nullité et de dommages-intérêts contre l'huissier.

Art. 18. — A défaut par le requérant de s'être pourvu, soit par la voie civile, soit par la voie correctionnelle, dans le délai de quinzaine, outre un jour par cinq myriamètres de distance entre le lieu où se trouvent les objets décrits ou saisis et le domicile de la partie contre laquelle l'action doit être dirigée, la description ou saisie est nulle de plein droit, sans préjudice des dommages-intérêts qui peuvent être réclamés, s'il y a lieu.

TITRE V. — DISPOSITIONS GÉNÉRALES OU TRANSITOIRES.

Art. 19. — Tous produits étrangers portant soit la marque, soit le nom d'un fabricant résidant en France, soit l'indication du nom ou du lieu d'une fabrique française, sont prohibés à l'entrée et exclus du transit et de l'entrepôt, et peuvent être saisis, en quelque lieu que ce soit, soit à la diligence de l'administration des douanes, soit à la requête du ministère public ou de la partie lésée.

Dans le cas où la saisie est faite à la diligence de l'administration des douanes, le procès-verbal de saisie est immédiatement adressé au ministère public.

Le délai dans lequel l'action prévue par l'art. 18 devra être intentée, sous peine de nullité de la saisie, soit par la partie lésée, soit par le ministère public, est porté à deux mois.

Les dispositions de l'art. 14 sont applicables aux produits saisis en vertu du présent article.

Art. 20. — Toutes les dispositions de la présente loi sont applicables aux vins, eaux-de-vie et autres boissons, aux bestiaux, grains, farines, et généralement à tous les produits de l'agriculture.

Art. 21. — Tout dépôt de marques opéré au greffe du tribunal de commerce antérieurement à la présente loi aura son effet pour quinze années, à dater de l'époque où ladite loi sera exécutoire.

Art. 22. — La présente loi ne sera exécutoire que six mois après sa promulgation. Un règlement d'administration publique déterminera les formalités à remplir pour le dépôt et la publicité des marques, et toutes les autres mesures nécessaires pour l'exécution de la loi.

Art. 23. — Il n'est pas dérogé aux dispositions antérieures qui n'ont rien de contraire à la présente loi.

Délibéré en séance publique, à Paris, le 12 mai 1857.

Le Président,
Signé Schneider.

Les Secrétaires,
Signé Comte Joachim Murat, marquis de Chaumont-Quitry, Tesnière, Ed. Dalloz.

NOUVEAU DÉCRET IMPÉRIAL

Du 26 juillet 1858

PORTANT RÈGLEMENT D'ADMINISTRATION PUBLIQUE POUR L'EXÉCUTION DE LA LOI DU 23 JUIN 1857, SUR LES MARQUES DE FABRIQUE ET DE COMMERCE.

NAPOLÉON, par la grâce de Dieu et la volonté nationale, EMPEREUR DES FRANÇAIS, à tous présents et à venir, SALUT.

Sur le rapport de notre ministre secrétaire d'Etat au département de l'agriculture, du commerce et des travaux publics ;

Vu l'art. 22 de la loi du 23 juin 1857, sur les marques de fabrique et de commerce, ainsi conçu :

« Un règlement d'administration publique déterminera les « formalités à remplir pour le dépôt et la publicité des « marques et toutes les autres mesures nécessaires pour « l'exécution de la loi ; »

Notre conseil d'Etat entendu,

AVONS DÉCRÉTÉ ET DÉCRÉTONS ce qui suit :

Art 1er. — Le dépôt que les fabricants, commerçants ou agriculteurs peuvent faire de leur marque au greffe du tribunal de commerce de leur domicile, ou, à défaut de tribunal de commerce, au greffe du tribunal civil, pour jouir des droits résultant de la loi du 23 juin 1857, est soumis aux dispositions suivantes:

Art. 2. — Ce dépôt doit être fait par la partie intéressée ou par son fondé de pouvoir spécial.

La procuration peut être sous seing privé, mais enregistrée ; elle doit être laissée au greffier.

Le modèle à fournir consiste en deux exemplaires, sur papier libre, d'un dessin, d'une gravure ou d'une empreinte représentant la marque adoptée.

Le papier forme un carré de dix-huit centimètres de côté, dont le modèle occupe le milieu.

Art. 3. — Si la marque est en creux ou en relief sur les produits, si elle a dû être réduite pour ne pas excéder les dimensions du papier, ou si elle présente quelque autre particularité, le déposant l'indique sur les deux exemplaires, soit par une ou plusieurs figures de détail, soit au moyen d'une légende explicative.

Ces indications doivent occuper la gauche du papier où est figurée la marque; la droite est réservée aux mentions prescrites à l'art. 5 conformément au modèle annexé au présent décret.

Art. 4. — Un des deux exemplaires de la marque est collé par le greffier sur une des feuilles d'un registre tenu à cet effet et dans l'ordre des présentations. L'autre est transmis dans les cinq jours, au plus tard, au ministre de l'agriculture, du commerce et des travaux publics, pour être déposé au Conservatoire impérial des arts et métiers.

Le registre est en papier libre du format de vingt-quatre centimètres de largeur sur quarante de hauteur, coté et parafé par le président du tribunal de commerce ou du tribunal civil, suivant les cas.

Art. 5. — Le greffier dresse le procès-verbal du dépôt dans l'ordre des présentations, sur un registre en papier timbré, coté et parafé comme il est dit à l'article précédent. Il indique dans ce procès-verbal : 1° le jour et l'heure du dépôt; 2° le nom du propriétaire de la marque et celui de son fondé de pouvoir; 3° la profession du propriétaire, son domicile et le genre d'industrie pour lequel il a l'intention de se servir de la marque.

Chaque procès-verbal porte un numéro d'ordre. Ce numéro est également inscrit sur les deux modèles, ainsi que le nom, le domicile ou la profession du propriétaire de la marque, le lieu et la date du dépôt, et le genre d'industrie auquel la marque est destinée.

Lorsque, au bout de quinze ans, le propriétaire d'une marque en fait un nouveau dépôt, cette circonstance doit être mentionnée sur les modèles et dans le procès-verbal de dépôt.

Le procès-verbal et les modèles sont signés par le greffier et par le déposant ou par son fondé de pouvoir.

Une expédition du procès-verbal de dépôt est délivrée au déposant.

Art. 6. — Il est dû au greffier, outre le droit fixe d'un franc pour le procès verbal de dépôt de chaque marque, y compris le coût de l'expédition, le remboursement des droits de timbre et d'enregistrement. Le remboursement du timbre du procès-verbal est fixé à trente-cinq centimes.

Toute expédition délivrée après la première donne également lieu à la perception d'un franc au profit du greffier.

Art. 7. — Le greffier du tribunal de commerce du département de la Seine, dans le cas prévu par l'article 6 de la loi du 23 juin 1857, de recevoir le dépôt des marques des étrangers et des Français dont les établissements sont situés hors de France, doit en former un registre spécial, et mentionner, dans le procès-verbal de dépôt, le pays où est situé l'établissement industriel, commercial ou agricole du propriétaire de la marque, ainsi que la convention diplomatique par laquelle la réciprocité a été établie.

Art. 8. — Au commencement de chaque année, les greffiers dressent sur papier libre et d'après le modèle donné par le ministre de l'agriculture, du commerce et des travaux publics, une table ou répertoire des marques dont ils ont reçu le dépôt pendant le cours de l'année précédente.

Art. 9. — Les registres, procès-verbaux et répertoires déposés dans les greffes, ainsi que les modèles réunis au dépôt central du Conservatoire impérial des arts et métiers, sont communiqués sans frais.

Art. 10. — Notre ministre de l'agriculture, du commerce et des travaux publics, et notre garde des sceaux, ministre de la justice, sont chargés, chacun en ce qui le concerne, de l'exécution du présent décret.

Fait à Plombières, le 26 juillet 1858.

Signé NAPOLÉON.

Par l'Empereur :

Le Ministre secrétaire d'État au département de l'agriculture, du commerce et des travaux publics.

Signé E. ROUHER.

MODÈLE ANNEXÉ AU DÉCRET DU 26 JUILLET 1858

Enregistré sous le numéro 424, portant règlement d'administration publique pour l'exécution de la loi sur les marques de fabrique et de commerce.

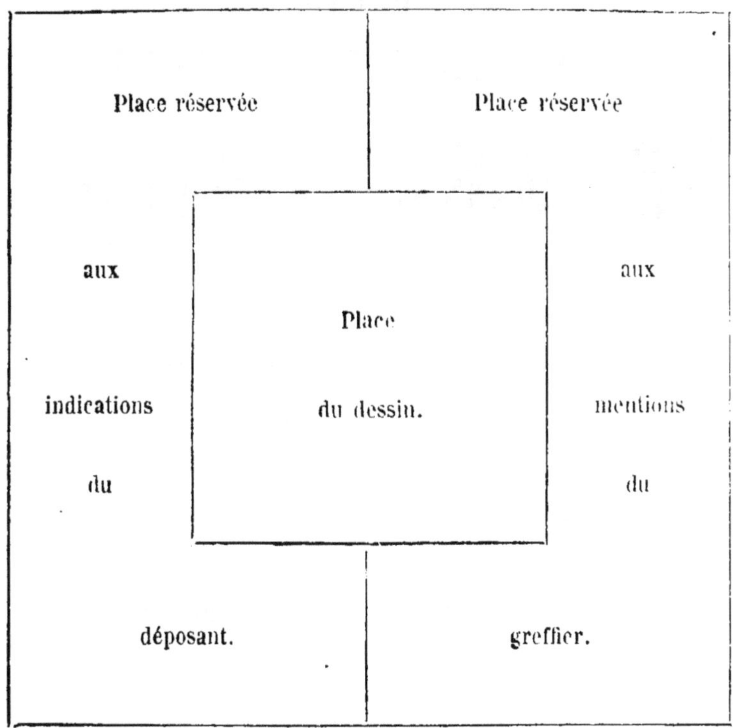

(Le papier doit former un carré de 0m,18c de côté).

Le Ministre de l'agriculture, du commerce et des travaux publics,
Signé E. Rouher.

FIN DU NOUVEAU MANUEL DE LÉGISLATION USUELLE.

NOUVELLE PUBLICATION

A TOUS LES MARIS — A TOUTES LES DAMES

VÉRITABLE

BIBLIOTHÈQUE POUR TOUS

LE TRÉSOR DE LA MAISON

NOUVEAU RECUEIL UNIVERSEL

ENCYCLOPÉDIQUE, USUEL, PRATIQUE, COMPLET ET ILLUSTRE

DES CONNAISSANCES UTILES

RÉDIGÉ D'APRÈS LES PROGRÈS DES SCIENCES
ET DE TOUTES LES DÉCOUVERTES MODERNES, PAR LES CÉLÉBRITÉS
CONTEMPORAINES ET LES AUTEURS
SPÉCIAUX LES PLUS DISTINGUÉS POUR CHAQUE MATIÈRE.

PUBLIÉ SOUS LA DIRECTION

D'EUG. PICK (DE L'ISÈRE)

DEUXIÈME ANNÉE

L'ABONNEMENT, 8 FRANCS PAR AN

1 Numéro par mois, 48 colonnes de texte illustré

AVEC UNE TRÈS-BELLE PRIME

Nota. — Voir les matières traitées dans le *Trésor de la Maison*, page 2; les conditions de l'abonnement, page 3; Confidence aux lecteurs, page 4; Avis très-important, page 10; Extrait du Catalogue des primes, page 15 et suivantes de cet appendice.

MATIÈRES TRAITÉES

DANS LE

TRÉSOR DE LA MAISON

Histoire. — Géographie.
Arts et Métiers. — Agriculture. — Botanique. — Jardinage.
Découvertes et Inventions. — Secrets, Procédés.
Recettes nouvelles et utiles.
Connaissances commerciales et industrielles.
Comptabilité. — Arithmétique. — Arpentage. — Finances.
Opérations de Bourse.
Moyen de faire valoir son capital. — Bons conseils.
Statistique. — Religion et Morale.
Histoire naturelle.—Hygiène pratique.—Médecine usuelle
Pharmacie des Ménages. — Economie rurale.
Architecture.—Choix et utilité des animaux domestiques.
Cuisine saine et facile.
Choix des aliments et leur influence sur la santé.
Art vétérinaire.
Travaux d'intérieur et bonne tenue d'une maison.
Savoir-vivre et conduite dans le monde.
Clef des sciences pour tous : armée, marine, événements remarquables, faits officiels.
Modes. — Littérature. — Beaux-Arts. — Anecdotes.
Nouvelles de la cour et de la ville. — Chronique du mois.
Courrier des Dames, Feuilletons, etc., etc.

LE TRÉSOR DE LA MAISON, *véritable bibliothèque pour tous*, publie 12 numéros par an, soit un numéro par mois, grand in-8°, de 24 pages, renfermant 48 colonnes de texte, dont 32 sont consacrées spécialement à des matières d'*utilité permanente et générale, avec une pagination à part*, pour être collectionnées et ensuite brochées ou reliées, afin de former de beaux volumes utiles à conserver ; belle impression, papier supérieur ; 16 colonnes sont réservées à une Chronique parisienne, résumant les principaux faits du mois, et à un COURRIER DES DAMES (*Revue des Modes et de l'Industrie*), ou à un charmant Feuilleton littéraire. Chaque numéro est expédié *franco* sous couverture imprimée.

On s'abonne au **TRÉSOR DE LA MAISON**, pendant tout le cours de l'année, en adressant directement une **valeur de 8 francs**, en un mandat ou en timbres-poste, à M. EUGÈNE PICK, directeur du *Trésor de la Maison*, 5, rue du Pont-de-Lodi, à Paris.

On s'abonne également par l'intermédiaire des Bureaux de poste, Messageries, Chemins de fer, et chez tous les libraires de France et de l'Étranger.

Les abonnements partent du 1er mai de chaque année et finissent l'année suivante à la même époque.

BUT ET UTILITÉ

DU

TRÉSOR DE LA MAISON

CONFIDENCE AU LECTEUR

Le *Trésor de la Maison*, nouveau recueil encyclopédique, universel et complet des connaissances utiles à tout le monde et dans toutes les circonstances de la vie, est rédigé d'après les progrès des sciences et de toutes les découvertes modernes, par les célébrités contemporaines et les auteurs spéciaux les plus distingués pour chaque matière.

Cette VÉRITABLE BIBLIOTHÈQUE USUELLE ET PRATIQUE, dédiée aux familles, est un journal dont personne ne pourra dire : *Je n'en ai pas besoin; je n'ai pas le temps de le lire*, car nous avons la conviction de répondre à un besoin général, en réunissant, sous un format élégant et commode, et dans un ordre méthodique, tous les renseignements indispensables aux familles, en matière d'histoire, de géographie, de botanique, de finance, de commerce, d'industrie, d'arts et métiers, d'histoire naturelle, d'agriculture, de jardinage, d'architecture, d'arithmétique, de géométrie, d'arpentage, d'inventions, de procédés et de recettes utiles, d'hygiène pratique, de médecine usuelle, de pharmacie des ménages, d'économie rurale, de médecine vétérinaire, et de la manière d'élever les animaux domestiques, de cuisine saine et facile, indiquant le choix des aliments et leur influence sur la santé; de travaux d'intérieur, de bonne tenue d'une maison, de religion et de morale, de savoir-vivre, de diverses coutumes, des modes, de la manière de se conduire dans le monde, etc., etc.

A l'époque où nous sommes arrivés, *vouloir, savoir, — c'est pouvoir.* C'est donc une bonne fortune pour tous que la publication de ce vaste et précieux recueil des connaissances utiles, anciennes et modernes, mises à la portée de toutes les intelligences, depuis la plus élevée jusqu'à la plus faible ; journal et livre à la fois, où rien ne sera omis de ce qui peut rendre la vie douce, heureuse, facile et longue, en dépensant le moins possible, que l'on pourra toujours consulter sans fatigue, et dans lequel les chefs de maison, les mères de famille, les dames et les demoiselles économes, les bonnes ménagères, les commerçants, les industriels, les rentiers, les propriétaires, les locataires, les cultivateurs, etc., trouveront tout ce qui peut les intéresser et assurer leur prospérité et leur bien-être.

Fonder un nouveau journal alors que chaque jour en voit naître et disparaître de toutes parts, semblera peut-être une témérité ; mais on pourra se convaincre que le *Trésor de la Maison* n'a rien de commun avec ces publications éphémères, frappées d'impuissance, dès leur origine, par la faiblesse, la futilité de leur rédaction, ou par le défaut de probité de leurs fondateurs, chevaliers d'industrie exploitant, à l'aide de prospectus pompeux, pleins de promesses mensongères, un public toujours trop confiant et disposé à croire vrai tout ce qui est imprimé.

Le *Trésor de la Maison* n'est pas, d'ailleurs, une publication entièrement inconnue. Fondée, en 1853, par l'éditeur Goubeau et madame la comtesse de Bassanville, cette publication, par des motifs que nous ne voulons pas apprécier, fut arrêtée, en 1854, au milieu du plus éclatant succès, laissant à ses abonnés autant de regrets que de bons souvenirs.

Il appartenait à la Grande Librairie Napoléonienne, des Arts et de l'Industrie, à cet établissement si éminemment national, dont les nombreuses et importantes publications sont répandues en Europe et dans le monde entier à près d'un million d'exemplaires, depuis dix ans ; il appartenait, disons-nous, à cette importante librairie, aujourd'hui l'une des plus populaires de France, de faire revivre cet excellent journal pour le continuer avec cette loyauté et cette exactitude qui ont assuré sa prospérité, et qui sont malheureusement étrangères à la plupart des fondateurs des publications périodiques.

Nous pouvons affirmer, sans crainte d'être démenti, que le *Trésor de la Maison* est rédigé par des écrivains spéciaux et distingués de la capitale et des départements. Nous nous sommes aussi assuré le concours de plusieurs dames dont les précieux travaux littéraires et la réputation sont justement appréciés. Il nous a paru nécessaire de recourir aux connaissances spéciales et aux qualités acquises de ces nouvelles collaboratrices, pour traiter beaucoup de ces questions qui touchent de si près à l'intérieur de nos familles, et qui sont par cela même de la compétence du *Trésor de la Maison*. Cette publication, traitant des intérêts les plus chers de la famille, ayant pour but l'instruction, le progrès, le bien-être, l'abondance, l'utile et l'agréable, se maintiendra toujours à la hauteur des connaissances présentes; guide pour tous, ce recueil de bons conseils ne vieillira point, et pourra être consulté en tout temps, en tous lieux, à toute heure et sur tous sujets, comme un ami intime, sincère, dévoué et doué de la plus vaste intelligence.

On a dit avec raison qu'à notre époque où l'industrie enfante chaque jour de nouveaux prodiges, le temps et l'espace, c'est de l'argent. Si cela est généralement vrai, incontestable, c'est surtout en ce qui concerne l'économie domestique qu'il importe d'en faire l'application. Une maîtresse de maison, selon l'heureuse expression d'un auteur moderne (madame la comtesse de Bassanville), doit être un véritable ministre de l'intérieur. C'était aussi l'avis de madame de Genlis, qui pensait que la *qualité de bonne ménagère* était la première de toutes celles qu'une femme devait acquérir, même dans les plus hautes classes de la société. « Malheureusement, « dit l'auteur de la *Maison rustique des Dames* (ma- « dame Millet-Robinet), les femmes, plus encore que « les hommes, reçoivent une éducation qui les rend « complétement étrangères à ce ministère. » C'est aussi 'opinion de madame Pariset, auteur du charmant ouvrage la *Maîtresse de maison*, et l'auteur du *Guide de la ménagère* (madame Demarson). « La jeune femme « qui entre dans une carrière où tout est nouveau pour « elle, dit cette dernière, la mère de famille, bien qu'une « plus longue habitude de la vie domestique lui ait « donné plus d'expérience, se trouvent à chaque pas « arrêtées, faute d'un code qui les éclaire sur tout ce « qui a rapport à leur maison, à leurs intérêts de fa- « mille, à elles-mêmes. »

Grâce au *Trésor de la Maison*, il n'en sera plus ainsi ; et les 772 colonnes d'impression qu'il contiendra chaque année, outre un grand nombre de dessins, de vignettes et de gravures intercalés dans le texte, exécutés par les premiers artistes de Paris, remplaceront avantageusement plusieurs centaines de volumineux ouvrages, bourrés de termes techniques, sorte de terrains mal défrichés, et dont le prix élevé, la rédaction trop confuse ou trop scientifique, ne sont à la portée que d'un petit nombre de lecteurs.

Et c'est là un avantage immense à notre époque de spéculation et de progrès, où l'on a hâte d'acquérir, sans donner beaucoup de temps à la lecture, toutes les sciences du confort et des jouissances de la vie; car nous ne sommes plus au temps où l'économie politique semblait chose ridicule: bien vivre, au meilleur marché possible, est le problème que chacun cherche à résoudre; problème qui sera complétement résolu pour tous les lecteurs intelligents et de bonne foi qui posséderont le ***Trésor de la Maison.***

Par tous ces motifs, nous avons la ferme conviction que cette nouvelle publication, guide usuel, sûr et complet de toutes les connaissauces utiles, a, dès aujourd'hui, sa place marquée dans les familles de toutes les classes de la société, et que sa rédaction morale, savante, méthodique, claire, précise et toujours consciencieuse, en fera promptement une véritable bibliothèque pour tous. En un mot, nous remplirons scrupuleusement jusqu'au bout la grande tâche que nous nous sommes imposée, et nous ne reculerons devant aucun sacrifice pour que cette œuvre d'utilité publique justifie exactement et complétement son véritable et noble titre, le ***Trésor de la Maison.***

(*Extrait du* 1er *n° de la* 1re *année du* TRÉSOR DE LA MAISON, 1er *mai* 1858.)

Paris, janvier 1860.

EUGÈNE PICK (DE L'ISÈRE).

AVIS TRÈS-IMPORTANT.

Trop souvent les annonces causent des déceptions aux personnes confiantes et de bonne foi; mais, comme le *Trésor de la Maison*, parvenu à sa deuxième année, ne saurait être assimilé à ces publications, la plupart sans consistance et trop souvent immorales, un numéro de ce journal sera envoyé *franco*, à titre d'essai, à toutes les personnes qui en feront la demande par lettre affranchie, en y ajoutant **50 centimes** en timbres-poste, ce qui, en définitive, ne portera leur déboursé qu'à **70 centimes** *au lieu de* **75**, prix du numéro pris au bureau, à Paris.

Ce moyen permettra à chacun de s'assurer d'avance de la supériorité de cette publication, qui n'a à redouter la comparaison d'aucun journal de ce genre, et dont la richesse artistique et typographique est au-dessus de tout éloge.

Nota. — Toutes les personnes qui s'abonneront au *Trésor de la Maison* en s'adressant *directement* à M. EUGÈNE PICK, directeur du journal, rue du Pont-de-Lodi, 5, à Paris (prix 8 fr. par an), auront droit à une très-belle prime, soit 8 francs de livres ou de cartes géographiques, à choisir, *pour rien*, dans le catalogue de la Grande Librairie Napoléonienne, historique, des Arts et de l'Industrie.

On enverra le Catalogue complet des primes à toute personne qui en fera la demande par lettre affranchie.

Adresser toutes les demandes à M. Eug. PICK, directeur de la Grande Librairie Napoléonienne, historique, des Arts et de l'Industrie, rue du Pont-de-Lodi, 5, à Paris. (Affranchir.)

8 FRANCS DE LIVRES POUR RIEN!

AVANTAGES POUR TOUS

TRÈS-BELLE PRIME donnée immédiatement aux nouveaux Abonnés

DU TRÉSOR DE LA MAISON

L'Administration, fidèle à son premier programme, offre aujourd'hui indistinctement aux nouveaux Abonnés du *Trésor de la Maison* de très-belles primes (livres, gravures ou cartes) à choisir dans le Catalogue ci-après et équivalant au prix même de l'abonnement.

Chaque abonné peut donc choisir **pour 8 francs d'ouvrages** qui lui seront expédiés gratis avec tous les numéros de ce journal parus depuis le 1er mai 1859. — Ajouter le surplus si l'on prend des articles dépassant cette somme.

Tous ces ouvrages n'étant cotés qu'au prix courant, et quelques-uns même à un prix réduit, il en résulte que le souscripteur ne payera réellement que **8** fr. au lieu de **16** fr. que coûteraient ces ouvrages et le journal pris séparément.

Cette combinaison a pour but de répandre de plus en plus le *Trésor de la Maison*, dont le succès a été, dès la première année, aussi rapide que mérité.

Nota. — Les primes choisies et les numéros parus dans l'année courante sont expédiés immédiatement et *franco* pour toute la France, la Corse et l'Algérie (**pour l'étranger, le port en sus**).

EXTRAIT DU CATALOGUE

DES

OUVRAGES DONNÉS EN PRIME

AUX NOUVEAUX ABONNÉS.

8 francs de livres pour rien !

ENCYCLOPÉDIE NATIONALE DES SCIENCES, DES LETTRES ET DES ARTS, ou Résumé complet des Connaissances humaines, rédigée par une société de savants et d'hommes de lettres. 4 beaux volumes grand in-4 de plus de 1,200 colonnes de texte chacun, avec plus de 1,200 gravures. Prix. . . . . **24** fr.

DICTIONNAIRE UNIVERSEL DES PROFESSIONS, ou Guide des Familles, pour les diriger dans le choix d'un état pour leurs enfants. *Principaux articles traités dans cet ouvrage :* Administration. — Agriculture. — Arts. — Beaux-Arts. — Barreau. — Chirurgie. — Commerce. — Clergé. — Eaux et Forêts. — Emplois. — État militaire. — Fonctions publiques. — Hydrographie. — Instruction publique. — Industrie. — Magistrature. — Marine. — Médecine. — Métiers. — Mines. — Notariat. — Lettres. — Pharmacie. — Ponts et Chaussées. — Sciences. — Art vétérinaire. — Écoles du Gouvernement. — Cet ouvrage est indispensable pour connaître quelles sont les conditions d'aptitude, de temps et d'argent exigées pour chaque profession, ainsi que les avantages, les difficultés, les désagréments et les chances de fortune ou de bien-être qu'offrent toutes les professions; suivi de conseils pour réussir dans la carrière que l'on entreprend, des études préliminaires, des programmes de toutes les écoles du Gouvernement, des examens que doivent subir les candidats, etc ; par le professeur VICTOR DOUBLET. Un vol. de près de 400 pages in-8. . . . . 6 fr.

HISTOIRE POPULAIRE DE LA FRANCE, depuis les temps les plus reculés jusqu'à nos jours, d'après Grégoire de Tours, Froissart, Velly, Mézeray, Hénault, Anquetil, Lacretelle, Ségur, Augustin Thierry, Thiers, Guizot, Michelet, Tissot, Louis Blanc, Chateaubriand, Lamartine, Henry Martin, de Barante, etc.

Connaître l'histoire de son pays n'est pas seulement un besoin pour tout vrai patriote : c'est un devoir! L'histoire est la meilleure nourriture de l'esprit; c'est en méditant sur le passé qu'on peut sainement juger du présent et prévoir l'avenir.

Mais l'histoire d'une grande nation n'est pas un monument qui puisse être élevé par un seul homme. C'est ce qu'a parfaitement compris l'auteur du beau livre que nous offrons aujourd'hui aux Français d'élite de toutes les classes, justement fiers des hauts faits de leurs ancêtres et désireux de bien connaître les grands événements de toutes les époques. Sans cesser d'être lui-même, l'auteur a abondamment puisé aux meilleures sources, et les noms des plus célèbres historiens anciens et modernes dont il s'est entouré sont la meilleure garantie de l'excellence de l'œuvre écrite sous leur inspiration.

Jusqu'à ce jour on n'avait pas publié d'histoire en France aussi complète en France en un seul volume : car on ne saurait donner le nom d'*Histoire* à ces abrégés arides, qui ne sont en général que d'insipides nomenclatures où tout fatigue les yeux, sans intérêt pour l'esprit. Il n'en est pas de même ici : rien de plus dramatique, de plus émouvant que les grands événements historiques racontés dans ce beau volume ; l'intérêt s'y trouve partout, et nulle part ne s'y montre l'esprit de parti, qui dénature les meilleures choses.

Ce livre manquait, et l'on peut dire qu'en l'écrivant l'auteur a fait à la fois une belle œuvre et une bonne action.

Un beau vol. gr. in-8° de 420 pages, renfermant la matière de deux volumes ordinaires, illustré de gravures sur acier. Prix. 6 fr.

HISTOIRE DE LA CAMPAGNE D'ITALIE EN 1859. Montebello, Palestro, Turbigo, Magenta, Marignan, Solferino et paix de Villafranca. 1 beau vol. in-8 illustré, avec carte. . . . . **4** fr.

LES FASTES DE LA GRANDE ARMÉE D'ORIENT, histoire politique, militaire et maritime des campagnes de Crimée et de la Baltique, par EUGÈNE PICK, (de l'Isère), avec le concours d'une société d'hommes de lettres et d'écrivains militaires, rédigée d'après des pièces officielles, documents authentiques et notes inédites écrites par d'illustres personnages. Nouvelle et grande édition (11e) illustrée de jolies gravures sur bois et sur acier, plus complète que toutes celles publiées jusqu'en 1859. — L'ouvrage complet, formant un beau volume grand in-8 raisin de plus de 460 pages, illustré de magnifiques gravures et de portraits [30 sujets], représentant la matière de 4 vol. ordinaires, beaux caractères bien lisibles. Prix. **7** fr.

LA PETITE MAISON RUSTIQUE, ou l'Agriculture pratique, ouvrage utile à l'administration et à l'entretien des grandes et petites propriétés rurales. Abrégé des principaux articles : *Dispositions et étendue des pièces de terre.* — **DES ENGRAIS**. Engrais animaux. — Engrais végétaux. — Amendements. — Composts. — Labours. — Instruments aratoires. — Défrichements. — Eaux stagnantes. — Clôtures. — Assolement. — Culture en général. — Conservation des récoltes. — Prairies. — Irrigations. — Pâturages. — Élevage des bestiaux. — Oiseaux et animaux de basse-cour. — *l'Art vétérinaire pratique.* — *Comptabilité.* — Chevaux. — Bêtes à cornes, en général. — Le bœuf. — Vaches. — Porcs. — Chèvres. — Chiens. — Oiseaux de basse-cour. — Poules. — Dindons. — Oies. — Canards. — Pigeons. — Explication des termes employés dans l'art vétérinaire. — Comptabilité agricole, etc. — Les meilleurs procédés sur l'économie rurale et domestique et un vocabulaire de médecine usuelle des ménages. 7 volumes; ensemble: 1,400 pages, prix . . . . **7** fr.

DICTIONNAIRE DE CONVERSATION, à l'usage de la jeunesse, rédigé par une Société de savants et d'hommes de lettres, et approuvé par le grand chancelier de la Légion d'honneur. 10 vol. in-8° d'environ 400 à 500 pages chacun, illustrés de 1,200 vignettes intercalées dans le texte. Au lieu de 60 fr., prix. . . . . . **30** fr.

NOUVEAU DICTIONNAIRE FRANÇAIS, précédé d'une grammaire générale, et suivi du Dictionnaire des rimes, des paronymes et des homonymes. Un beau vol. gr. in-18 de près de 600 p. Prix. **4** fr.

CODE MANUEL, expliquant clairement les droits et les devoirs des propriétaires et des locataires, et de tous les contribuables. 1 volume in-18 de plus de 530 pages. Prix. . . . . **4** fr.

LE NOUVEAU CONSEILLER DES FAMILLES, ou l'Art de conserver les substances alimentaires, suivi des principaux renseignements sur l'horticulture et l'agriculture. 1 vol. in-18. Prix. . **1** fr.

LES FRANÇAIS EN CRIMÉE, un joli volume in-8°, par F.-B. BOUCHÉ DE CLUNY. Prix. . . . . **2** fr.

LA TENUE DES LIVRES, ou nouvelle Méthode ingénieuse et facile pour apprendre seul et sans maître la tenue des livres en partie simple et en partie double, à l'usage du commerce et de l'industrie. — Ouvrage extrêmement simplifié et mis à la portée de toutes les intelligences par le moyen de nombreuses applications et de définitions fort claires (sixième édition).

Augmentée : 1° d'un bilan; 2° du tarif des patentes; 3° de la nouvelle législation sur les sociétés de commerce, l'affranchissement des échantillons, des circulaires, des imprimés, sur la contrainte par corps, etc.; 4° des formules de bordereaux d'inscriptions hypothécaires; 5° du tarif des honoraires dus aux notaires, aux avoués, aux avocats, aux greffiers, aux huissiers, etc.; 6° des droits d'enregistrement; 7° des principaux actes de commerce, tels que billets à ordre, traites, lettres de change, actes de société, règlement sur les faillites, refus ou contestation lors de la réception des marchandises avariées, termes, usances, protêts, liquidations, saisies, ventes, concordat, réhabilitation, etc. — Un beau volume in-8°. Prix. **3** fr.

LE MÉDECIN DES FAMILLES, ou l'art de conserver sa santé, suivi de l'herboristerie et de la pharmacie usuelle des ménages, par M. Pujon et M. le docteur Villiers, contenant, en outre, l'*Art vétérinaire pratique.* Cet ouvrage forme un beau volume in-8° de 500 pages, orné de 8 planches représentant 26 sujets divers. Prix . . . . **7** fr.

PETITE MOSAIQUE LITTÉRAIRE ET PORTATIVE. Cet ouvrage renferme une ample collection d'anecdotes et d'articles très-variés, curieux et instructifs, de pensées diverses et mémoratives, sorte de kaléidoscope littéraire d'un nouveau genre, par M. A. Foucauld-Duparc. 1 joli volume de 400 pages. Prix. . . . . . . **2** fr.

HISTOIRE DE DIX-HUIT ANS, *du règne et de la chute de Louis-Philippe*, par Alex. Dumas. 2 beaux volumes grand in-8°, illustrés de 8 superbes gravures sur acier. Prix. . . . . . **12** fr.

HISTOIRE DE LA RÉVOLUTION FRANÇAISE, du Consulat, de l'Empire, de la Restauration et de la Révolution de Juillet, par J. Ferrand et J. de Lamarque. 6 beaux volumes grand in-8°, illustrés de 30 gravures sur acier, au lieu de 60 fr. Prix. . . . **22** fr.

LE BON VÉTÉRINAIRE FRANÇAIS, ou l'Art d'élever, soigner et guérir les animaux domestiques, à l'usage des villes et des campagnes. Ouvrage illustré de 8 gravures représentant 26 sujets divers. 1 beau volume in-8° de plus de 500 pages. Prix . . . . **7** fr.

HISTOIRE DE LA RESTAURATION, ou Précis des règnes de Louis XVIII et de Charles X, complétant Dulaure, Châteaubriand, Thiers, Vaulabelle, de Lamartine, Michelet, Capefigue, etc., par M. F. Rittiez, avocat, ancien rédacteur du *National*, du *Censeur de Lyon*, du *Journal de Rouen*, auteur de l'*Histoire du règne de Louis-Philippe*. 2 beaux volumes in-8°, brochés, ornés d'un grand nombre de gravures et de portraits sur acier. Prix. . . . . **8** fr.

HISTOIRE DE LONDRES ET DES ANGLAIS, par BUREAU-RIOFFREY, membre des principales académies d'Europe. 2 beaux volumes in-8°, contenant ensemble près de 1,000 pages. Au lieu de 10 fr., prix. . . . . **8 fr.**

LE BON CONSEILLER EN AFFAIRES, Manuel de législation pratique, pour faire ses affaires soi-même avec sûreté dans toutes sortes de circonstances. 1 fort vol. in-18 cartonné. Prix. **3 fr. 50**

LES CONTEMPORAINS ILLUSTRES. Ouvrage renfermant 52 notices historiques et biographiques, choisies parmi les célébrités de notre époque, orné de 20 portraits sur bois, par A.-C. BOUYER. 1 beau vol. gr. in-4° de plus de 300 colonnes de texte. Prix. **3 fr.**

NOUVEAU DICTIONNAIRE UNIVERSEL DES INVENTIONS ET DÉCOUVERTES LES PLUS CÉLÈBRES, ou les Merveilles du génie de l'homme, recueil historique et complet, contenant près de 2,000 articles choisis dans un grand nombre d'ouvrages anciens et modernes, sur l'agriculture, l'industrie, le commerce, les arts, les sciences, etc., toutes les professions et inventions utiles et ingénieuses, d'après des recherches minutieuses et authentiques dévoilant l'origine et la signification, dans les temps antiques et au moyen âge, d'une foule de mots et d'expressions en usage aujourd'hui, etc., etc.; ouvrage attestant la diversité des connaissances de l'homme, ses progrès, ses mœurs, ses erreurs, ses préjugés et ses traditions; par M. HANNEQUIN, ancien magistrat. Cet ouvrage résume à lui seul plus de 200 volumes et le rend indispensable à tous ceux qui veulent s'instruire rapidement et à peu de frais. 1 beau volume in-8° de plus de 700 colonnes de texte. Prix. . . . . . . **6 fr.**

LE CUISINIER ET LE MÉDECIN, ou le **MÉDECIN CUISINIER ET LE CUISINIER MÉDECIN**, ou l'*Art de rétablir sa santé par une alimentation convenable*, guide indispensable à toutes les personnes qui veulent connaître leur tempérament, le gouverner en santé ou en maladie, suivi d'un **LIVRE DE CUISINE,** d'économie domestique et d'hygiène alimentaire appliquée selon les divers tempéraments, indiquant par ordre alphabétique le mode de préparation de tous les aliments français et étrangers, les qualités et les prix de tous les vins, liqueurs et boissons, l'indication de tous les végétaux et animaux qui servent à l'alimentation, la manière de découper toutes les viandes rôties, gibiers, etc. : le service de la table, etc. : les propriétés de toutes les substances alimentaires, des eaux minérales, leur influence sur les divers tempéraments, les maladies résultant des abus et excès, et le moyen de s'en préserver, par une société de médecins, de chimistes, de cuisiniers et d'officiers de bouche, sous la direction de M. L.-M. LOMBARD, docteur en médecine de la Faculté de Paris.

> **L'hygiène, c'est la santé,**
> **La santé, c'est la vie.**

2e édition, Curmer. 1 beau vol. grand in-8° (600 pages de texte) illustré d'un grand nombre de gravures. Au lieu de 10 fr., net. . . . **8 fr.**

MANUEL DU DROIT FRANÇAIS, contenant les sept Codes expliqués, à l'usage des hommes de loi et des hommes du monde, par J.-B. Paillet, avocat, 2 vol. gr. in-8°, contenant ensemble plus de 2,000 pages imprimées sur 4,000 colonnes, et renfermant la matière de plus de 50 volumes ordinaires. Au lieu de 30 fr., prix. **14 fr.**

UNE HAINE DE COURTISANE, par Gustave Nicole. 1 joli petit volume in-32, avec couverture coloriée. Prix. . . . . **50 c.**

NOUVEAU MANUEL PRATIQUE DU CODE DE COMMERCE EXPLIQUÉ article par article, suivi d'un formulaire d'actes usuels à l'usage des commerçants et des industriels, par M. J.-B.-C. Picot, avocat à la Cour impériale de Paris, auteur du *Nouveau Manuel pratique du Code Napoléon* (ouvrage tiré à 200,000 exemplaires). 1 volume grand in-18, de 650 pages. Prix. . . . . **6 fr. 50**

GRAND ATLAS COMMUNAL, dédié aux 37,000 communes de France, dressé sous la direction du savant M. Letronne, membre de l'Institut, contenant une carte générale comparative de la France, celle de l'Algérie, comprenant toutes les colonies françaises dans les diverses parties du monde, une carte spéciale pour chaque département, 5e édition, revue et corrigée avec soin. 1 volume in-folio, relié, illustré de 90 cartes. Au lieu de 50 fr., prix. . . . . **25 fr.**

MAGNIFIQUE PLANISPHÈRE universel, historique et illustré. (90 centimètres sur 130). . . . . **4 fr.**

NOUVEAU PLAN DE LA VILLE DE PARIS, indiquant tous les changements et le nouveau tracé jusqu'en 1860. (61 centimètres de haut sur 75 centimètres de large.) Prix. . . . . **4 fr.**

NOUVELLE CARTE POLITIQUE DE L'EUROPE, coloriée, indiquant toutes les nouvelles communications par eau et par chemins de fer. (78 centimètres sur 105 centimètres). Prix. . . . **4 fr.**

NOUVELLE CARTE DE FRANCE (78 centimètres sur 105), très-bien coloriée. Prix. . . . . **4 fr.**

L'HISTOIRE UNIVERSELLE, depuis la création du monde jusqu'à nos jours, nomenclature de tous les peuples résumée en un seul tableau colorié et illustré de 37 gravures (75 centimètres de largeur sur 105 centimètres de hauteur). Prix. . . . . **4 fr.**

ADRESSER TOUTES LES DEMANDES

A M. le Directeur de la Grande Librairie Napoléonienne, historique, des Arts et de l'Industrie, rue du Pont-de-Lodi, 5, à Paris.

TABLE DES MATIÈRES

DU

NOUVEAU MANUEL DE LÉGISLATION

DROIT ADMINISTRATIF EXPLIQUÉ

DROIT COMMERCIAL EXPLIQUÉ

DROIT PÉNAL EXPLIQUÉ

LOIS NOUVELLES. — DÉCRETS IMPERIAUX.

RENSEIGNEMENTS UTILES.

DROIT RURAL EXPLIQUÉ.

TAXE ET FRAIS DIVERS

FIN DE LA TABLE DES MATIÈRES.

NOTA. — Pour toutes les matières du *Nouveau Manuel pratique du Code Napoléon*, se reporter à sa table spéciale, de la page 489 à la page 499.

PARIS. — IMP. DU CORPS LÉGISLATIF, A. HENRY NOBLET, RUE DU BAC, 30.

PARIS. — IMPRIMERIE DU CORPS LÉGISLATIF.

A. HENRY NOBLET, RUE DU BAC, 30.

www.ingramcontent.com/pod-product-compliance
Ingram Content Group UK Ltd.
Pitfield, Milton Keynes, MK11 3LW, UK
UKHW021156260726
13994UKWH00001B/497